Terry Deary · Unschlagbar, die Ritter!

Terry Deary

Unschlagbar, die Ritter!

Aus dem Englischen übersetzt von Anne Braun

Illustrationen von Philip Reeve

Die Deutsche Bibliothek – CIP-Einheitsaufnahme

Unschlagbar, die Ritter! / Terry Deary. Ill. Philip Reeve.
Übers. Anne Braun. – 1. Aufl. – Bindlach : Loewe, 2000
(WahnsinnsWissen)
Einheitssacht.: Horrible histories <dt.>
ISBN 3-7855-3454-X

Der Umwelt zuliebe ist dieses Buch auf chlorfrei gebleichtem Papier gedruckt.

ISBN 3-7855-3454-X – 1. Auflage 2000
Text © Terry Deary 1997
Illustrationen © Philip Reeve 1997
Die Originalausgabe ist 1997 in Großbritannien bei Scholastic Ltd unter dem Titel
Horrible Histories – Dark Knights and Dingy Castles erschienen.
© für die deutsche Ausgabe 2000 Loewe Verlag GmbH, Bindlach
Aus dem Englischen übersetzt von Anne Braun
Redaktion: Corinna Küpper
Umschlagillustration: Philip Reeve
Umschlagtypografie: Andreas Henze
Gesamtherstellung: Wiener Verlag, Himberg
Printed in Austria

Inhalt

Einführung	7
Zeittafel des düsteren Rittertums	10
Finstere Ritter	15
Legendäre Turnier	43
Schonungslose Kreuzzüge	65
Blutige Kämpfe	84
Düstere Burgen	100
Karge Kerker	114
Brauchbare Burgen	122
Beunruhigende Burgen	129
Böse Belagerungen	140
Nachwort	157

Einführung

Geschichte kann grässlich sein. Zum einen, weil Lehrer und Eltern von dir erwarten, dass du so viel lernst …

zum anderen, weil sie alles gaaanz einfach machen wollen …

Aber im Leben ist nichts so einfach. Nehmen wir zum Beispiel die Männer der Waffen. Wer reich war, hatte ein Pferd, genug zu essen und wurde in einer Schlacht wie ein Ehrenmann behandelt. Wenn man dagegen arm war, marschierte man sich die Füße wund, schluckte Staub, litt Hunger und wurde in einer Schlacht abgeschlachtet wie eine Gans an Weihnachten. Ganz einfach!

In diesem Buch geht es hauptsächlich um die reichen Ritter auf den Pferden. Nein, es geht nicht um langweilige Beinschienen oder Brustharnische, sondern um die wirklich interessanten Dinge wie Hellebarden und harte Kämpfe. Rostige Rüstungen kann man in jedem Museum besichtigen. Eine Hellebarde hingegen ist eine tolle Hieb- und Stoßwaffe mit langem Stab und Reißhaken an der Spitze, mit der man den Gegner vom Pferd stoßen konnte. Damit kämpfte der normale Fußsoldat. Und wenn ein Ritter erst mal am Boden lag, entdeckte der Fußsoldat schnell eine kleine Ritze in der Rüstung, in die er seine Hellebarde hineinstoßen konnte. Dort fand er dann bestimmt ein Stück zartes Menschenfleisch.

Was würdest du tun, wenn du ein armer, hungernder und frierender Fußsoldat wärst und deine Hellebarden am feisten Nacken eines reichen Ritters hättest? Denn genau darum sollte es in Geschichte gehen. Um Menschen. Wie handelten sie, und warum? Und wie würdest du handeln, wenn du in ihrer Haut beziehungsweise in ihrer Rüstung stecken würdest?

Hier nun die Geschichte der Männer, die zwischen 1000 und 1600 n. Chr. auf dem Rücken ihrer Pferde unterwegs waren – gefährliche und finstere Ritter. Männer, die geschworen hatten, ihrem Anführer zu gehorchen (eventuell), höflich zu jedermann zu sein (hin und wieder) und sich für die Schwachen einzusetzen (wer's glaubt).

Nach 1600 n. Chr. war Ritter nur noch ein vom König verliehener Ehrentitel. Diese „Ritter" mussten ihrem König noch nicht einmal mit Schwert und Pferd dienen – die meisten konnten ohnehin nicht auf ein Pferd steigen, ohne auf der anderen Seite wieder herunterzufallen, oder ein Schwert halten, ohne es dem Nächstbesten auf die Zehen fallen zu lassen. Folglich sind Ritter nach 1600 etwa so aufregend wie zwei Schlangen beim Boxkampf.

In diesem Buch wird auch beschrieben, wie die Ritter damals in ihren Burgen lebten und sie verteidigten. Klar, so ein richtiger Ritter gab sich natürlich nicht mit einem Reihenhäuschen in irgendeinem Vorort zufrieden. Er brauchte ein nobles Gemäuer mit verwinkelten Gängen und düsteren Türmen; ein zugiges Gebäude mit blutbefleckten Zinnen und trostlosen, triefenden und tristen Verliesen. Doch warum so viel Aufwand? Weil eine Burg angeblich sicher und uneinnehmbar war. Oder gab es vielleicht doch Möglichkeiten, eine Burg zu erobern und die verzweifelten Bewohner ins Jenseits zu befördern? Wenn dich das interessiert, lies einfach weiter …

Zeittafel des düsteren Rittertums

Um 500 n. Chr. China. Der Steigbügel wird erfunden. Die Krieger fallen nicht mehr ständig aus dem Sattel.

Um 1000 n. Chr. Frankreich. Normannische Reiter werfen ihre Speere nicht mehr, sondern halten sie unter dem Arm, um damit zuzustoßen. Die Lanze ist geboren! Gleichzeitig schützen sich die cleveren Normannen fortan mit Kettenhemden!

1041 Winchester. In England findet das erste Turnier statt – jeweils zwei Ritter stürmen aufeinander zu und versuchen, sich gegenseitig mit einer Lanze aus dem Sattel zu heben.

Um 1050 Europa. Soldaten schwören, Frauen, Kinder oder Priester zu schonen und nicht an Feiertagen oder zwischen Donnerstag und Sonntag zu kämpfen. (Womit nur 80 Tage pro Jahr übrig bleiben.)

1066 Wilhelm der Eroberer erobert England. Seine Mannen beziehungsweise Normannen bauen erste Burgen mit Türmen aus Holz. Damit verteidigen sie sich.

1086 England. Im Grundbuch werden alle Adligen und ihre Ländereien aufgezählt, von Rittern ist noch keine Rede. Doch noch im selben Jahr schlägt der König seinen Sohn mit einem Schwertschlag auf die Schulter zum Ritter.

1095 Papst Urban II. fordert alle Ritter auf, die christliche Kirche zu verteidigen und die Sarazenen aus Jerusalem zu vertreiben. Das ist der Beginn des ersten Kreuzzugs.

1096 Der Bauern-Kreuzzug, unter der Führung von Peter dem Einsiedler, zieht noch vor den Rittern los … die wenigsten überleben!

Um 1100 Die ersten Steinburgen werden gebaut. In Turnieren üben die Ritter für den Ernstfall. Sie reiten aufeinander zu und schlagen sich gegenseitig die Köpfe ein.

1120 Der Templerorden wird gegründet – ein kämpfender Mönchsorden, der die Pilger in Jerusalem schützt.

1130 Papst Innozenz II. verbietet Turniere, weil Ritter nicht im Kampf sterben sollten … es sei denn auf Kreuzzügen, das ist natürlich etwas anderes!

1135 Bürgerkrieg in England. Jeder mächtige Mann baut sich seine eigene Burg, und König Stephen ist nicht in der Lage, sie daran zu hindern.

1145 Der zweite Kreuzzug endet mit einem Fiasko. Da Gott die Kreuzritter eigentlich hätte beschützen sollen, ist er schuld.

1186 Deutschland: Ein neues Gesetz besagt, dass nur der Sohn eines Ritters Ritter werden darf. Bauer bleibt eben Bauer! In England kann der König jedoch auch mutige Landwirte zu Rittern schlagen.

1187 Am dritten Kreuzzug nehmen etliche Könige teil (zum Beispiel Friedrich Barbarossa), aber er endet kaum ruhmreicher als der zweite.
Ende 12. Jahrhundert In Frankreich werden Rittergedichte verfasst. Turniere werden gesellschaftsfähig.
Anfang 13. Jahrhundert Ritter kämpfen in Brustpanzern – ein echter Fortschritt. In Wales wird der Langbogen erfunden: Damit kann man Reiter und Pferd durchbohren!
1244 Alle Kreuzzüge waren für die Katz – die Christen müssen Jerusalem aufgeben.
1267 Weil es bei Turnieren ziemlich chaotisch zugeht, erlässt der englische König Edward I. Gesetze, die den Ablauf der Turniere regeln.
Um 1280 Edward I. baut in England und Wales erste konzentrische Burgen mit ringförmigen Mauern.
Um 1300 Neue Regeln für Turniere: Zum Beispiel sind Schläge unterhalb der Gürtellinie verboten. Ein Punktesystem regelt, wer Sieger ist.
1315 Schweiz. Fußsoldaten benutzen langstielige Hellebarden mit Haken und Beil an der Spitze, um Ritter vom Pferd zu ziehen und abzuschlachten.
Um 1320 In Schlachten werden die ersten Kanonen eingesetzt, allerdings mit wenig Erfolg. Noch finden sie keine große Beachtung.
1331 Schweiz. Bei einem Turnier werden zahlreiche Damen verletzt,

als die Tribüne zusammenbricht! Und noch schlimmer – als sie unter den Trümmern hervorkriechen, stibitzen freche Bauern einfach ihren Schmuck!

1327 Edward II. besteigt den englischen Thron. Turniere werden zu prunkvollen Veranstaltungen mit großen Paraden. Ritter tragen nur noch komplette Rüstungen.

1339 Beginn des „Hundertjährigen" Kriegs zwischen England und Frankreich. Endlich können die Ritter sich so richtig austoben.

1346 Frankreich. In der Schlacht von Crécy siegen die englischen Bogenschützen überlegen gegen die französischen Ritter. Ritter sind eben nicht unbesiegbar!

1347 Bei einem Turnier in Windsor beschließt Edward III. von England die Gründung eines neuen Ritterordens, des Hosenbandordens. (Die mussten sich nicht am Riemen, sondern am Hosenband reißen.)

1358 Turnier in Bristol bei Fackelschein … Flutlicht – 600 Jahre vor dem ersten Fußballspiel! In England und Holland werden erste Steinburgen gebaut!

1415 In der Schlacht von Azincourt besiegen englische Langbogenschützen und berittene Soldaten die gut gepanzerten Franzosen.

1429 Frankreich hat jetzt seinen eigenen Ritterorden, den Orden vom Goldenen Vlies.

1464 Mit nur zwei Kanonen wird die mächtige Burg Bamburgh an der schottischen Grenze erobert. Nun ist auch die Glanzzeit der Burgen vorbei.

1515 In Frankreich wird das Turnier des Goldenen Vlies abgehalten. Heinrich VIII. ist der absolute Star, obwohl die meisten Kämpfe wegen Regens abgebrochen werden.

Ende 16. Jahrhundert In Schlachten spielen die Ritter mit ihren Lanzen kaum noch eine Rolle. Die Beliebtheit der Turniere lässt nach. Die großen Tage der Ritter sind vorbei.

1621 In England findet das letzte Turnier statt.

Finstere Ritter

Edles Rittertum

Um als ritterlich zu gelten, musste man jede Menge Regeln befolgen. Das war zwar nicht direkt vorgeschrieben, aber nur so wurde man ein guter Ritter.

Angenommen, du kämpfst gegen einen anderen Ritter, der irgendwann aufgibt und das Schwert sinken lässt. Als guter Ritter würdest du sagen: „War ein guter Kampf, Alter. Komm mit in meine Burg, dann unterhalten wir uns in aller Ruhe beim Essen über dein Lösegeld." Ein schlechter Ritter hingegen würde sagen: „So, jetzt mache ich Hackfleisch aus dir", und dem Gegner das Schwert mitten ins Auge stoßen.

Bei den meisten Sportarten geht es heutzutage ritterlich fair zu – wenn es bei einem Fußballspiel einen Verletzten gibt, wird der Ball ins Aus gespielt und so das Spiel unterbrochen, bis der Verletzte verarztet ist. Das steht zwar nicht in den Spielregeln, aber man tut es aus Gründen der „Fairness" oder „Ritterlichkeit".

Die alten Ritter kämpften bis zum Tode – und dabei hatten sie Regeln, die an einen Boxkampf erinnern. „Ich tue mein Möglichstes, um dich bewusstlos zu schlagen – aber falls du umfällst, werde ich dir nicht noch den Kopf abschlagen ... und dasselbe erwarte ich auch von dir."

Einige ritterliche Regeln gelten bis heute in Kriegen – so erlauben die gegnerischen Armeen Rotkreuz-Sanitäter auf dem Schlachtfeld, um die Verwundeten wegzuschaffen. Solche Regeln entstanden nicht nur auf dem Schlachtfeld, sondern auch nach und nach aus Ritterlegenden. Aus Abenteuergeschichten wurden Gedichte gemacht und abends in den Burgen gesungen.

Eine der berühmtesten Heldengeschichten ist die der französischen Ritter, die in Spanien gegen die Mauren kämpften. Die Helden waren selbstredend ausgezeichnete, tapfere und ihrem König treu ergebene Krieger. Doch was sie zu Rittern machte, war ihr ritterliches Benehmen.

Sie benahmen sich wie echte Trottel.

Hört euch die Geschichte der französischen Superhelden Olivier und Roland an, und entscheidet dann selbst, wer der Ritter und wer ein einfacher Soldat war.

Breitet ein großes Bärenfell vor dem knisternden Feuer im Kamin der Burg aus, und hört euch die moderne Fassung der alten Weise an ...

Roland und Olivier – Ihr trauriges Schicksal

König Karl der Große, ein mächtiger Mann,
hatte gewaltige Armeen:
Männer mit Kraft, aber wenig Hirn.
Der berühmteste war ein gewisser Roland,
stolz und tapfer,
doch hört die Geschichte seines letzten Kampfs,
der ins kühle Grab ihn brachte.

Gen Süden zogen die Heere von König Karl,
ins sonnige Spanien hinein,
doch weil es daheim in Frankreich Ärger gab,
kehrten sie rasch wieder um.
Doch Ganelon, Stiefvater des großen Rolands
(ein richtiger Miesling),
sprach zum König: „Lasst den Helden und seinen Kumpel
bis ganz zum Schluss bleiben."

„Mein Roland kann uns den Rücken freihalten,
wenn wir uns aus Spanien verziehen."
Karl sprach: „Eine gute Idee.
Wer weiß, ob der Feind erneut attackiert."
Stolz sprach Roland: „Keine Bange, mein König,
geht ruhig schon voran.
Ich folge mit Olivier nach, sobald ich es kann."

Wie hätte er ahnen können, was der böse Ganelon getan?
An die Spanier verriet er diesen Plan.
Diese ließen den König unbehelligt ziehen,
aber versteckten sich dann
in der engen Schlucht von Roncevaux.

Roland und Olivier, die tapferen Krieger,
ritten wohlgemut durch die kalte, enge Schlucht.
Plötzlich tauchte der Feind vor ihnen auf.
Doch Roland, ganz Held, ergriff keine Furcht.

Jung Olly griff nach Rolands Horn und sprach:
„Blas tüchtig hinein!
Der König wird's hören und umkehren."
Doch Roland sagte: „Nein! Ich werd nicht blasen ins Horn.
Mit den Spaniern werden wir fertig mit Zorn!"

Doch Olly widersprach: „Wir haben kein Heer.
Wir sitzen in der Falle. Die machen uns alle."
Roland erwiderte ungerührt: „Mein Schwert lässt
niemals mich im Stich.
Wir werden kämpfen bis zuletzt."
Worauf Olly nur stammelte: „Du hast einen Stich!"

„Verflucht sei ein jeder, der zaudert", rief Roland.
„Ich zaudere nicht, aber ich will noch nicht sterben",
entgegnete Olly.

Da stürzten die zwei sich in ihren größten Kampf.
Die Spanier fielen zuhauf. Sie starben wie Vieh.

Und Olly sprach erneut: „Nun blas doch endlich
in dein Horn."
Doch Roland meinte: „Niemals. Die erste Armee ist erledigt.
Jetzt bleiben nur die vier dort vorn."

Auch Heer Nummer zwei ging rasch zu Boden,
dem dritten und vierten erging es ganz gleich,
sie starben wie zitternde Flundern im Teich.

Doch Heer Nummer fünf war um einiges zäher,
und Rolands Mannen ging allmählich die Luft aus.
Die Spanier metzelten einen nach dem anderen nieder,
bis Olly seufzte: „Oh, Roland! Die machen uns den Garaus."

„Hätten wir Hilfe gerufen, hätten wir
dem König auch fortan dienen können."
Doch Roland sagte, das schicke sich nicht für Ritter.
„Ein Ritter ist ein Held und tut seine Pflicht."
Olly begriff: Sein Freund war ein dummer Wicht.

Roland verstarb im heldenhaften Kampfe,
doch seine Ruhmestat wird auf ewig besungen.
Als Held kämpfte er bis zum letzten Blutstropfen
und bewies aller Welt, wozu ein Ritter ist im Stande.

Olly war zwar klüger, aber auch er bezahlte mit dem Leben.
Der Verräter Ganelon wurde zur Strafe
geschleift von Pferden zu Tode.
Aus Gram siechte bald auch Rolands Gemahlin dahin,
und König Karl trauerte noch lange um ihn.

Roland wurde zum leuchtenden Vorbild für jeden Ritter. Seine Geschichte wurde in allen Burgen besungen. Alle wollten seiner Tapferkeit nacheifern, und es soll noch heute Leute geben, die sein Tun für gut und heldenhaft halten.

Regel Nummer eins des Rittertums lautet dann auch: „Kämpfe, egal wie hoffnungslos die Lage. Lieber tot als feige." Und noch fünfhundert Jahre nach Roland finden tapfere Männer ein ähnlich trauriges Ende.

Ritterliche Regeln

Ritter mussten mehr Regeln einhalten als du heutzutage in der Schule. Okay, so schwachsinnige Regeln wie „Herumrennen im Flur verboten" oder „Luft aus den Autoreifen eines Lehrers ablassen verboten" hatten sie nicht. Aber dafür jede Menge anderer Regeln … einige davon könntest du noch heute befolgen!

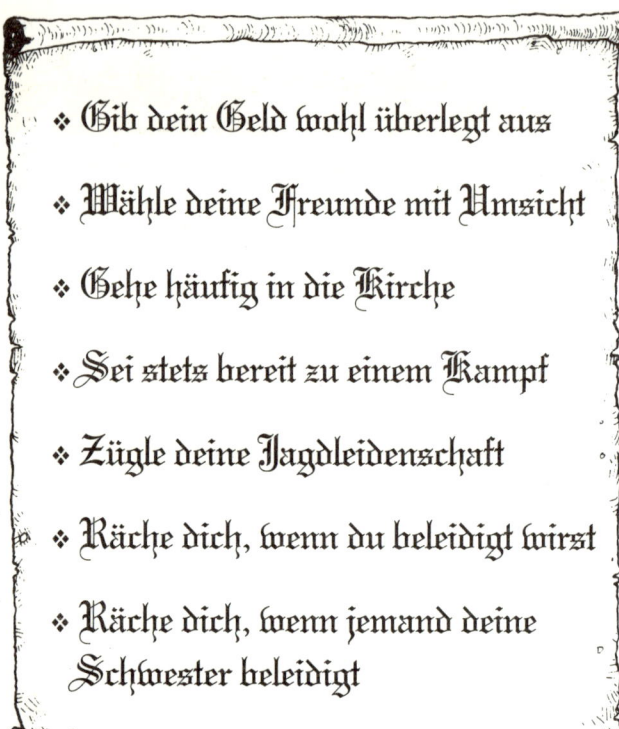

- Gib dein Geld wohl überlegt aus
- Wähle deine Freunde mit Umsicht
- Gehe häufig in die Kirche
- Sei stets bereit zu einem Kampf
- Zügle deine Jagdleidenschaft
- Räche dich, wenn du beleidigt wirst
- Räche dich, wenn jemand deine Schwester beleidigt

Einige der Regeln, nach denen Ritter lebten, gelten noch heute. Zum Beispiel: „Wenn jemand schon am Boden liegt, tritt nicht noch zu!" Einfach lächerlich! Wer behauptet so etwas? Gibt es eine bessere Gelegenheit, jemanden zu treten? Ein noch stehender Gegner könnte womöglich zurücktreten!

Aber vor allem musste ein Ritter ein Liebhaber sein.

Verrückte höfische Minne

Ein Ritter ohne Dame, die er anbetete, war wie ein Hot Dog ohne Würstchen. Nämlich leer!

Erst eine Angebetete gab dem Leben eines Ritters einen Sinn. Er konnte ...

• für sie kämpfen

• wunderschöne Gedichte für sie schreiben

• Heldentaten für sie vollbringen

• für sie sterben

In einem deutschen Buch des 11. Jahrhunderts stand geschrieben:

> Ein junger Ritter sollte eine Edelfrau umwerben und an ihre Tür klopfen, bis sie ihn einlässt. Dann setzt er sich mit ihr an den Kamin und hört ihr zu, wenn sie ihm ihr Herz ausschüttet.

Folgendes ist zu beachten:
1. Schmusen ist erlaubt, aber bitte heimlich. Öffentliches Schmusen ist tabu. Sonst regt sich ihr Vater auf, falls sie noch ledig ist. Ist die Angebetete verheiratet, ziehst du den Zorn ihres Gemahls auf dich.
2. Verehre am besten eine verheiratete Frau. Vermutlich ist sie mit einem alten Langweiler aus politischen Gründen verheiratet worden und fühlt sich einsam und verlassen.
3. Verehre nur eine adlige Frau. Es gilt als unschicklich, sich in eine Bäuerin zu verlieben (auch wenn sie zur oberen Schicht gehört und sich ab und zu die Füße wäscht). Am besten, die Frau ist von einem höheren Rang als der Ritter. Toll wäre die Königin persönlich … aber lass dich bloß nicht erwischen!

Der perfekte Liebhaber

Jaufre Rudel galt als das perfekte Vorbild eines ritterlichen Galans. Dabei bekam er seine Angebetete nur ein einziges Mal zu Gesicht … und das sollte ihn teuer zu stehen kommen!

Jaufre liebte die Großherzogin von Tripolis, die als eine der schönsten Frauen der Welt galt. Wie schön sie war, wusste Jaufre jedoch nicht, denn er hatte sie nie gesehen. Doch das hielt ihn nicht davon ab, ihr endlose Liebesgedichte zu schicken.

Schließlich erbarmte sie sich seiner und lud ihn zu sich ein. So sah er sie zum ersten Mal.

Von ihrer Schönheit überwältigt, sank er bewusstlos in ihre Arme und starb auf der Stelle.

So etwas nennt man einen perfekten Galan. Der einzige Mann auf der Welt, dem Schönheit im wahrsten Sinne des Wortes den Atem raubte.

Jeder Ritter kannte Jaufres Geschichte und war davon überzeugt, seine Dame mindestens ebenso sehr zu lieben.
ABER ...
In diesem Buch geht es um die wahnsinnig grausamen Seiten der Geschichte. Und die wahnsinnige Wahrheit ist, dass Jaufre keineswegs in den Armen der Großherzogin die Puste ausging, sondern an Altersschwäche starb.

Ritterschule

Was hältst du davon, dir einen eigenen Ritter heranzuziehen? Schließlich kann man nie wissen, ob nicht irgendwann ein Drache in deinem Garten landet und den Rasenmäher verschlingt! Was tätest du dann ohne Ritter?

Hier erfährst du, wie man's macht. Du kannst deinen Ritter im Schrank aufbewahren, bis du ihn brauchst ...

1 Nimm einen siebenjährigen Jungen. (Aus Gründen der Gleichberechtigung könntest du natürlich auch ein Mädchen nehmen, aber normalerweise sind Mädchen ZU intelligent für diesen Beruf.)

2 Schick den Jungen an den Hof eines anderen Ritters. (Nein, seine Mami darf er nicht mitnehmen!)

3 Die nächsten fünf Jahre darf der angehende Ritter bei Tisch bedienen und andere unangenehme Hilfsarbeiten machen. In dieser Zeit gilt er als „Page". (Falls er jedoch die Katze in den Mikrowellenherd steckt, ist er entlassen!)

4 Wenn der Junge 14 Jahre alt ist, wird er „Knappe" – eine Art persönlicher Assistent. Dann lernt er das ritterliche Handwerk – den Umgang mit Waffen, Rüstungen und Pferden. (Eine Rüstung zu polieren ist ganz schön anstrengend, ein Pferd zu striegeln noch mehr!)

5 Wenn er perfekt ist – so zwischen 18 und 21 Jahren –, kann er zum Ritter geschlagen werden. (Früher bedeutete das, mit der flachen Seite des Schwerts auf die Schulter oder auf den Nacken geschlagen zu werden. Das durfte nur ein Ritter. Schlag auf keinen Fall mit der Schneide zu – das Blut macht die Rüstung ganz schmutzig.)

6 Ab 1100 wurden Knappen in einer kirchlichen Feier zum Ritter geschlagen. Am Vorabend wurde der zukünftige Ritter von anderen Knappen entkleidet und ausgiebig gebadet. (Kaltes Wasser reicht völlig. Wenn dein Knappe jammert, lass ihn laufen und such dir einen neuen.)

7 Zieh deinem Knappen eine weiße Tunika, einen roten Umhang, schwarze Socken und Schuhe an. Um die Taille kommt ein weißer Gürtel. (Okay, der Fußballdress von Kaiserslautern sieht zwar ähnlich aus, ist aber nicht ganz das Richtige.)

8 Dein Knappe geht in die nächste Kirche, legt seine Waffen auf den Altar und betet eine Nacht lang. (Wer dabei einschläft, wird auch ein verschlafener Ritter, deshalb am besten gleich feuern, wenn er nicht durchhält!)

9 Am nächsten Morgen wird der Pfarrer das Schwert segnen und ihm zurückgeben. Der Knappe überreicht das Schwert einem Ritter, kniet sich nieder und wartet auf den Schlag auf seine Schulter – den Ritterschlag. Dann gibt der Ritter das Schwert an den neuen Ritter zurück. (Zugegeben, das Schwert wird ganz schön oft hin- und hergereicht. Deshalb mach es am besten gleich an einem Gummiband fest.)

10 Jetzt ist dein Ritter fertig! Er kann nun für dich Drachen jagen oder hochwohlgeborene Damen in Not erretten.

Schon gewusst …?
Einige Knappen, die ganz arm waren, konnten sich keine Waffen leisten und nie Ritter werden. Sie blieben ihr Leben lang Knappen!

Heute Hasenfuß, morgen schon Ritter!

Nicht jeder Knappe wurde in einer großartigen Zeremonie zum Ritter geschlagen. Einige wurden es auf dem Schlachtfeld. Kurz vor einer Schlacht konnte ein Edelmann einen Knappen mit den Worten „Sei fortan ein Ritter!" zum Ritter schlagen.

Im Jahre 1388 standen sich Engländer und Franzosen in Vironfosse gegenüber. Keine Seite war so richtig für den Kampf gerüstet. Gegen Mittag rannte vor den Franzosen plötzlich ein Hase über das Feld. Einige sprangen auf ihre Pferde und gingen auf Hasenjagd. Weil die Engländer sich angegriffen fühlten, wurden etliche junge Knappen rasch zum Ritter geschlagen. Der Graf von Hainault ernannte in fünf Minuten 14 neue Ritter. Doch die Schlacht fand gar nicht statt, und die 14 Ritter wurden als „Ritter von Hasenfuß" bekannt.

Schon gewusst …?
Bei den Normannen konnte ein Knappe nur von einem Ritter zum Ritter geschlagen werden. Hereward, ein englischer Rebell, wurde jedoch von einem Priester geadelt. Da er so tapfer gegen Wilhelm den Eroberer gekämpft hatte, wurde ihm aber verziehen! Andere Rebellen hingegen wurden geköpft!

Das heiße Hosenband

Die englische Königin kann heutzutage einen Untertan zum Ritter in einem ganz besonderen Klub ernennen – dem Hosenbandorden. (Früher befestigten Pfadfinder ihre Strümpfe mit einem Gummiband. Im Mittelalter benutzten Frauen Strumpfhalter, da es noch keine Nylonstrümpfe gab.)

König Edward III. wollte in Windsor ein Tafelrundenturnier abhalten und gleichzeitig den Orden von der Tafelrunde gründen. Doch dann passierte etwas, was seine Meinung änderte …

Und so blieb es bis zum heutigen Tage. Die Mitglieder des Hosenbandordens tragen den Satz „Ein Schelm, wer Arges dabei denkt" auf ihrer Dienstmarke – aber natürlich in mittelalterlichem Französisch: Honni soit qui mal y pense.

Doch ob diese Geschichte stimmt? Früher rümpften Historiker die Nase über die Sache von der Herzogin und ihrem Strumpfband. „Ist höchstens etwas für Schulkinder", sagten sie hämisch. Inzwischen sind sie sich nicht mehr so sicher und halten die Geschichte sogar für wahrscheinlich.

Allerdings gehören sie nicht zu den Historikern, die die wahnsinnigen Seiten der Geschichte lieben. Sonst würden sie sich nämlich wie du und ich fragen, was wohl passiert wäre, wenn die Dame ihren Schlüpfer verloren hätte. Hätte Ed ihn auch aufgehoben und selbst angezogen? Und gäbe es dann heute im britischen Oberhaus 25 Ritter des Unterhosenordens? Und würde ihr Motto dann Honni soit qui mal y slip lauten (ein Schelm, wer peinliche Unterhosen trägt)?

Na ja, vermutlich nicht, denn in den Tagen von König Edward trug man noch gar keine Unterhosen. Aber was hätte ihr sonst herunterfallen können?

Ein verschnupftes Taschentuch?

Merkwürdige Ritterorden

Die damaligen Ritterklubs hießen Orden und waren so ähnlich organisiert wie Pfadfindervereine für kleine Mädchen – alle trugen dieselben Abzeichen, dachten dasselbe und machten allerlei lustige Sachen zusammen ... zum Beispiel sich bei Freundschaftskämpfen gegenseitig die Köpfe einzuschlagen.

Falls du nicht nach England auswandern willst, um Mitglied des Hosenbandordens zu werden, gründe mit deinen Freunden einfach einen eigenen Orden. Hier als Anregung ein paar historische europäische Orden ...

Orden vom Goldenen Vlies, gegründet 1430

Der Franzose Philipp der Gute (er war bekannt dafür, dass er alles nachmachte) gründete den Orden vom Goldenen Vlies. (Von Hosenbändern wollte er nichts wissen.) Die Geschichte berichtet leider nichts darüber, dass er mit einem goldenen Schaf getanzt hätte, aber vielleicht fällt dir eine tolle Story dazu ein. Die Mitglieder dieses Ordens tragen einen goldenen Widder um den Hals. (Natürlich nur einen kleinen an einer Kette!)

Elefantenorden, gegründet 1492

Wie ist es zu erklären, dass dänische Ritter einen Elefantenorden gegründet haben? Vielleicht für Leute, die sehr nachtragend sind? Oder eine dicke Haut haben? Oder am Wochenende mit ihrem langen Rüssel Bäume ausreißen? Zum Glück müssen die Mitglieder keinen Elefanten mit sich herumschleppen.

Distelorden, gegründet 1687
Dem schottischen Distelorden gehören 16 Personen und die königliche Familie an. Ihr schönes lateinisches Motto eignet sich auch für Lehrer, Fußballhooligans und Kampfhunde: Nemo me impune lacessit. Dir brauche ich natürlich nicht zu erzählen, was das heißt, aber ich tu es trotzdem: „Niemand, der mich schlägt, bleibt ungeschlagen."

Orden vom Bade, gegründet zwischen 1399 und 1413
Dieser britische Orden war fast vergessen, als Georg I. ihn 1725 wieder entstaubte. Sein Motto lautet Tria juncta in uno, was bekanntlich „drei in einem" bedeutet. Drei was, bitte? Drei Mann in einer Wanne? Die müsste ganz schön groß sein! Seit 1970 dürfen sogar Frauen beitreten. Wird neuerdings gemischt gebadet? Na ja, ist sicher ganz schön trübe hinterher – das Wasser natürlich.

Also, was für einen Orden würdest du gründen?

Die Rächer
Ritter hatten einen Tick, was Damen in Not angeht. Für sie kämpften sie auch nach deren Tod noch!
   Im Jahre 1286 musste der Herzog von Bayern feststellen, dass die Rache eines Ritters über das Grab hinausgehen konnte …

Eigensinnige Normanninnen

Wilhelm der Eroberer zog mit seinen Rittern 1066 nach England, aber ihre Frauen blieben selbstverständlich zu Hause. Nach seinem Sieg verschenkte Wilhelm großzügig Land. Das stellte die beschenkten Ritter vor ein Problem. Sollten sie bleiben und die Landschaft genießen, oder sollten sie zu ihren Frauen in die Normandie zurückkehren?

Der Historiker Ordericus berichtet, dass die Frauen 1068 ganz genau wussten, was ihre Männer tun sollten …

Einige der Normanninnen waren sehr erbost und schickten ihren Männern böse Briefe. Darin stand, dass sie sich einen neuen Ehemann suchen würden, falls ihre Männer nicht umgehend heimkehrten. Das stellte die Ritter vor eine schwere Entscheidung. Wenn sie den König und ihre Kameraden im feindlichen England zurückließen, würde man sie Feiglinge, Deserteure und Verräter nennen. Doch andererseits wollten sie ihre Frauen nicht an andere Männer verlieren. Das würde ihre Ehre kränken!

Was hättest du an ihrer Stelle getan?

Manche beschlossen, wie Humphrey de Tilleul, nach Hause zurückzukehren. Er war Befehlshaber der neuen Normannenburg in Hastings, gab diesen Job seiner Frau zuliebe jedoch auf. Die Schwerter der Angelsachsen konnten ihn nicht in die Normandie zurücktreiben – Madame de Tilleuls Brief schon!

Ordericus schien nicht viel von starken Frauen zu halten. Er berichtet eine weitere Geschichte von einer mächtigen Frau, die ein böses Ende fand …

Burg Ivri war solide erbaut worden, und zwar von Alberde, der Frau des Herzogs von Bayeux. Diese Alberde hatte einen ausgezeichneten Architekten namens Lanfred mit der Planung beauftragt. Als die Burg fertig war, ließ sie Lanfred enthaupten, damit er keine ähnliche Burg mehr bauen konnte. Doch ihr Hochmut sollte Alberde noch zum Verhängnis werden. Ihr Versuch, den eigenen Ehemann von den Mauern der Burg stürzen zu lassen, schlug fehl. Sie wurde zum Tode verurteilt, und so wurde Lanfred gerächt.

Du siehst, es waren also nicht nur Ritter und einfache Soldaten, die in Burgen zu Tode kamen!

Ritterliche Herausforderungen

Würdest du einen guten Ritter abgeben? Dazu muss man mehr können als reiten und das Schwert schwingen! Man muss sich auch richtig verhalten. Wenn es eine Aufnahmeprüfung für Ritter gäbe, würdest du sie bestehen?

1 Erneis D'Orleans ist ein Verräter. Du triffst ihn anlässlich der Krönung von König Ludwig in der Kathedrale. Wie reagierst du?
a) Du zerstückelst ihn mit dem Schwert.
b) Du verpasst ihm einen Fausthieb.
c) Du lässt ihn gehen.

2 Wenn es darum ging, das Herz einer Dame zu gewinnen, mussten die Ritter zuweilen mit Priestern konkurrieren. (Diese durften eigentlich zwar keine Geliebten haben, aber ein paar schlimme Finger hatten trotzdem welche!) Bist du einer Meinung mit dem französischen Ritter und Minnesänger Guilhem, der meinte, eine Frau, die einen Priester liebt, müsse …
a) Nonne werden.
b) sich den Kopf kahl scheren lassen.
c) auf dem Scheiterhaufen verbrannt werden.

3 Ritter sollten gelegentlich auf die Jagd gehen, um das Reiten und den Umgang mit Waffen nicht zu verlernen. Was, glaubst du, stand in Raymundus Lullus' Buch Ende des 13. Jahrhunderts, was Ritter außer Bären und Löwen noch jagen sollten:
a) Kaninchen

b) Drachen

c) Bauern.

4 König Edward I. von England veranstaltet zu Übungszwecken ein Turnier und hat auch dich eingeladen. Da es keine gute Idee wäre, den König aus Versehen zu töten, nimmst du ein Schwert aus …
a) Gummi
b) stumpfem Stahl
c) Fischbein.

5 Im ersten Kreuzzug belagerst du mit über tausend Soldaten die Stadt Ascalon. Ihr entdeckt eine Lücke in der Stadtmauer. Nun habt ihr 50 Ritter drei Möglichkeiten. Für welche entscheidest du dich?
a) 40 der Ritter überfallen die Stadt, die zehn anderen halten das Heer zurück, damit die 40 allen Ruhm ernten.
b) Fußsoldaten und auch Bogenschützen gehen vor, die 50 Ritter folgen.
c) Die 50 Ritter stürmen in die Stadt, sobald die Fußsoldaten bereit sind zu folgen.

6 Du bist König von England und nimmst im Jahre 1274 an einem Turnier in Frankreich teil. Im Gewühle kämpft sich der Herzog von Chalons zu dir durch und versucht, dich vom Pferd zu reißen. Das ist gegen die Regeln! Wie reagierst du?
a) Du wehrst dich und versuchst, ihn vom Pferd zu reißen.
b) Du rufst deine Ritter herbei, um dir diesen Betrüger vom Hals zu schaffen.
c) Du machst dich frei und weigerst dich, weiterzukämpfen.

7 Du bist der fahrende Ritter Ulrich von Liechtenstein. (Ein fahrender Ritter hält es für seine Pflicht, durch Europa zu reisen, um gute Taten zu vollbringen.) Eine Dame schreibt dir, dass sie sich wundert, dass du einen bestimmten Finger noch hast. Sie hat geglaubt, du hättest ihn während eines Turniers zu ihren Ehren verloren. Was machst du?
a) Du schneidest einem Bauern einen Finger ab und schickst ihn ihr.
b) Du schneidest dir ganz einfach deinen eigenen Finger ab und schickst ihn ihr.
c) Du lässt einen Finger aus Gold anfertigen und schickst ihn ihr.

8 Du bist Richard I. und gerade in Palästina angekommen, wo die moslemischen Sarazenen 1500 christliche Gefangene und ein Stück vom Kreuz Christi haben. Du hingegen verfügst über 2700 moslemische Gefangene. Du hast ihre Gefangenen und das Stück vom Kreuz verlangt. Die Sarazenen wollen nur die Gefangenen herausrücken. Was machst du?
a) Tausche 1500 Sarazenen gegen 1500 Christen – die restlichen 1200 Sarazenen behältst du, bis du das Kreuz bekommst.
b) Biete die 2700 Sarazenen im Austausch gegen die 1500 Christen sowie 20000 Goldstücke für das Kreuz.
c) Sag den Sarazenen, sie können das Kreuz und die 1500 Christen behalten und schlachte die 2700 Sarazenen ab.

9 Du bist der Graf von Suffolk und wirst in einer Schlacht von einem Knappen gefangen genommen. Was für eine Schande! Schließlich ist ein Knappe kein Ritter. Was machst du mit ihm?
a) Du gibst ihm Geld, damit er schweigt.

b) Du schlägst ihn auf der Stelle zum Ritter.

c) Du tötest ihn.

10 Du bist Bernard de Cahuzac und hast einen Streit mit dem Abt des einheimischen Klosters. Ein kleines Heer von Rittern steht hinter dir. Wie bringst du den Abt dazu, seine Meinung zu ändern?
a) Du brennst sein Kloster ab.
b) Du nimmst ihn gefangen und gibst ihm nur Brot und Wasser, bis er nachgibt.
c) Du lässt seinen Mönchen Hände und Füße abhacken.

Antworten: 1b) Natürlich darf man einen Verräter töten, aber auf heiligem Boden sollte man kein Blut vergießen. Der französische Ritter Guillaume d'Orange tötete Erneis mit einem Faustschlag. Guillaume war eindeutig keine Blut-Orange.

2c) Priester durften nicht heiraten, aber einige hatten heftige Techtelmechtel und verbrachten viel Zeit bei adligen Damen. Doch um andere Frauen abzuschrecken, sollte eine Frau, die sich mit einem Priester einlässt, lebendig verbrannt werden.

3a) Drachen tötende Ritter kommen nur in Märchen vor. Für das richtige Leben schlug Lullus Kaninchen zum Jagen vor. Doch ein gepanzerter Ritter gegen ein kleines Häschen klingt natürlich nicht besonders aufregend.

4c) Es gab noch kein Gummi, du Dummi, deshalb bleibst du sitzen, wenn du a) angekreuzt hast. Edwards 38 Ritter kämpften im Turnier von 1278 mit Schwertern aus Fischbein, Rüstungen aus abgekochtem Leder – hart, aber leicht – und hölzernen Schilden. Glück für Ed! Er hatte an sein erstes Turnier vor über 20 Jahren gedacht, als zwei Ritter getötet wurden und einer Hirnschäden davontrug. Scharfe Schwerter und Blutvergießen hob er für seine Schlachten in Schottland und Wales auf.

5a) Gerald von Ridfort wollte Ruhm. Er führte 40 Ritter durch die Mauerlücke, während die restlichen zehn die eigene Armee zurückhielten. Mutig, aber auch dumm! Die Waghalsigen be-

zahlten mit ihrem Leben. Ihre Soldaten, die sie hätten retten können und die Schlacht schließlich gewannen, waren nur einen Speerwurf von ihnen entfernt hinter der Stadtmauer!

6a) König Edward wehrte sich auf dieselbe Weise und warf den Herzog zu Boden. Die empörten Franzosen forderten blutige Rache. Die zuschauenden englischen Fußsoldaten beschossen die Franzosen mit Pfeilen, woraufhin sie sich wieder beruhigten. Von da an galt die Regel, dass ein Ritter niemals Hand an einen Gegner legen darf – Lanze, Schwert oder Axt ja, aber keine Hand!

7b) Ulrich war der hirnrissigste Ritter, den man sich vorstellen kann. Angeblich soll er sich zu Ehren dieser Dame den eigenen Finger abgeschnitten haben! Wie gut für ihn, dass ihr nicht zu Ohren gekommen war, er habe den Kopf verloren!

8c) Richard ließ die Gefangenen mit Schwertern und Speeren umbringen, woraufhin die Sarazenen die gefangenen Christen köpften. Das Abschlachten der Sarazenen verursachte Richard keine Gewissensbisse – schließlich waren sie keine Christen. Der Papst hatte gesagt, Andersgläubige dürfe man umbringen. Die geköpften christlichen Gefangenen wären vielleicht anderer Meinung gewesen!

9b) Ein Ritter fand es unehrenhaft, nicht von einem anderen Ritter gefangen genommen zu werden. Er musste nur eine Hand auf die Schulter des Knappen legen und sagen: „Ich ernenne dich zum Ritter." Wenn ein Bauer auf diese Weise zum

Ritter geschlagen wurde, gab es einen Riesenaufstand, und der Bauer konnte bestraft werden. Auch wenn er gar kein Ritter sein wollte!
10c) Nicht alle Ritter waren nett, großmütig und edel. Manche, wie Bernard, waren rücksichtslose, herzlose Brutalos. Ritterliche Ritter konnten Big Bernies Missetat natürlich nicht gutheißen!

Schon gewusst ...?
Im ausgehenden Mittelalter konnte eine komplette Rüstung umgerechnet ungefähr 150 000 Mark kosten. Ganz klar, dass sich nur wohlhabende Edelleute so was leisten konnten.

Legendäre Turniere

Stell dir vor, auf dem Weg zur Schule stellt sich dir der größte Raufbold eurer Schule in den Weg. Er hält jeden an und sagt: „Ich will mich mit dir prügeln."

Was würdest du tun?

Sagst du „okay" und läufst den Rest des Tages mit einer blutenden Nase herum oder „nein" und lässt dich als elenden Feigling beschimpfen?

Tja, so fingen die Turniere an. Wenn ein Ritter sich prügeln wollte und sich keine Gelegenheit ergab, suchte er sich eine. Er stellte sich einfach an eine Straßenkreuzung und forderte die Passanten zu einem freundschaftlichen Kampf heraus.

Anfang 1060 machte der französische Ritter Gottfried de Preuilly aus solchen Gelegenheitsraufereien schließlich „Turniere". Damit erfand er sozusagen eine neue Sportart. So etwas ist eine ziemlich riskante Sache, und du solltest dir vorher die Erlaubnis deiner Eltern einholen.

Erst vor wenigen Jahren starb der Mann, der das Joggen erfunden hatte, beim Joggen.

Und was denkst du, ist aus Ritter Gottfried geworden, dem Erfinder der Turniere? Richtig, der Ärmste kam bei einem Turnier ums Leben!

Wahnsinns-Wissen warnt: Eine neue Sportart zu erfinden, kann extrem gesundheitsschädlich sein!

Bei den Turnieren konnten die Ritter ihre Geschicklichkeit erproben. Das ist so ähnlich, als würde der Box-Champion eurer Schule an der Kreuzung stehen und sagen: „Ich habe morgen einen wichtigen Boxkampf. Kann ich dir kurz den Schädel einschlagen? Das wäre eine gute Übung für mich und würde mir helfen, die Ehre unserer Schule zu verteidigen." Klar, dass du da nicht Nein sagen kannst!

Oder etwa doch?

Schon gewusst …?
Turniere waren äußerst beliebt. 1140 schauten bei einem Turnier alle Einwohner der Stadt Lincoln zu, darunter auch die Wachsoldaten. Der Graf von Chester konnte die Stadt mühelos einnehmen … mit nur drei Soldaten!

Reizende Ritterkampfspiele

Die ersten Turniere waren eher eine Art wüstes Gerangel. Jeder Ritter durfte teilnehmen. Sie teilten sich in zwei gleich große und gleich starke Teams mit einem Baron an der Spitze. Auf jeder Seite konnten bis zu zweihundert Ritter kämpfen.

Das Turnierfeld umfasste Wiesen und Wälder und war etliche Quadratkilometer groß.

Aus Faustkampf wurde der Sport „Boxen". Dabei geht es im Grunde nur darum, dass zwei Leute mit Fäusten aufeinander losgehen. Die beiden Gegner machen sich gegenseitig fertig. Mit dem Unterschied, dass es heute einen Schiedsrichter gibt, der das Schlimmste verhindert.

Turniere machten aus dem Krieg einen Sport. Es ging darum, einen gegnerischen Ritter gefangen zu nehmen und Lösegeld zu kassieren. Anfangs gab es zwar keine Schiedsrichter, doch zumindest „Sicherheitszonen", in denen sich angeschlagene Ritter ausruhen konnten.

Kannst du dir vorstellen, welche Spielregeln galten?
Kreuze an, mit welchen Regeln du einverstanden wärst …

	ja	nein
1. Nicht in Gruppen zusammenrotten, um einen anderen Ritter anzugreifen	O	O
2. Keinen Ritter angreifen, der einen wichtigen Teil seiner Rüstung verloren hat	O	O
3. Benutzung von Pfeil, Bogen und Armbrust verboten	O	O
4. Nicht aus dem Hinterhalt angreifen	O	O
5. Keinen Ritter in der Sicherheitszone angreifen	O	O
6. Keinen Ritter angreifen, der sein Pferd verloren hat	O	O
7. Niemals von hinten angreifen	O	O
8. Keinen Ritter angreifen, der eine weiße Fahne schwenkt	O	O
9. Niemals mit dem Schwert unter die Gürtellinie stoßen	O	O
10. Niemals versuchen, einen anderen Ritter zu töten	O	O

Wie hast du abgeschnitten? Zähle deine Ja-Antworten zusammen.
7 – 10: Du bist ein Softie. Du wirst nie ein anständiger Ritter – versuch dich im Korbflechten.
3 – 6: Schwächlich. Du würdest bei einem Kampfspiel nicht lange durchhalten.

2: Du bist ein echter Ritter ... *falls* du die beiden *richtigen* Regeln angekreuzt hast, Nr. 5 und 10. Man durfte keinen Ritter in der Sicherheitszone angreifen und auch niemanden absichtlich töten ... obwohl es natürlich vorkommen konnte.

Andere Regeln gab es nicht! Auch Ritter ohne Pferd oder mit beschädigter Rüstung wurden angegriffen. Oft rotteten sich mehrere Ritter zusammen und griffen einen einzelnen Gegner an, wobei sie auch sämtliche Waffen einsetzten – auch die Armbrust. Alles war erlaubt, und es gab auch keine weiße Flagge, wenn es einem mulmig wurde und man aufgeben wollte. Bei einem Kampfspiel ging es ziemlich rau zu. Fast so rau wie bei einem Hockeyspiel des Mädchenteams.

Manchmal konnte es vorkommen, dass die Ritter in Fahrt gerieten und aus dem Spiel blutiger Ernst wurde – genau wie beim Hockeyspiel der Mädchen.

Lustiges Lanzenstechen

Außer den wilden Kampfspielen gab es auch Lanzenstechen. Dabei versuchte ein Mann mit einer Büchse, einen anderen vom Pferd zu stoßen.

Als 1216 bei einem solchen Lanzenstechen französische gegen englische Ritter kämpften, trugen sie statt Rüstungen wattierte

Jacken und verwendeten nur ganz leichte Lanzen, weil es ein Freundschaftsturnier sein sollte. Trotzdem kamen einige Ritter bei diesem Turnier ums Leben. Schöne Freunde!

Kampfspiele fanden hauptsächlich zur Freude und Übung der Ritter statt, Lanzenstechen mehr zur Unterhaltung der Zuschauer.

Die Damen durften den Geliebten (oder ihren Lieblingsritter) beobachten. Traurigerweise konnte eine Frau aber auch als Preis dienen!

Der deutsche Ritter Waltmann von Setenstete soll eines Tages eine wunderschöne junge Frau nach Merseburg mitgebracht haben. Wer Setenstete besiegte, sollte seine Rüstung, seine Waffen und … die schöne Frau bekommen! Zahlreiche Ritter reisten an und kämpften gegen Setenstete, doch dieser gewann stets, und die junge Frau blieb ihm erhalten!

(Beachte: Es ist vielleicht nicht sehr ritterlich, aber du könntest ein Sackhüpf-Turnier veranstalten und dem Sieger deine süße kleine Schwester versprechen. Verliere absichtlich gegen den hässlichsten Bewerber. Das wird Papas kleinem Liebling eine Lehre sein!)

Schon gewusst ...?
Der Gehilfe eines Ritters, sein Knappe, durfte seinem Herrn während des Turniers neue Waffen bringen. Dabei ließen sich manche Knappen dazu hinreißen, sie unterwegs einzusetzen. Deshalb wurde eine neue Regel eingeführt. Fortan durften Knappen, die ein Schwert auf den Turnierplatz brachten, dieses nur an der Spitze halten. Autsch!

Die zehn besten Turnier-Tipps

Da bei Kampfspielen nur zwei Regeln galten, konnte man leicht schummeln. Beim Lanzenstechen gab es mehr Regeln, aber man konnte den Schiedsrichter trotzdem austricksen.

Beim Schummeln erwischt zu werden, war natürlich eine große Schande. Viele Ritter wollten lieber in Ehren verlieren als mit Tricks gewinnen. Aber da du kein Ritter bist, kannst du ruhig etwas hinterhältig sein. Für den Fall, dass du je in ein Turnier ver-

wickelt werden solltest, merk dir die folgenden Tricks. Einige besonders fiese Ritter wandten sie fleißig an …

1 Stürz dich nicht gleich ins Gewühle. Warte, bis die anderen erschöpft sind, und nimm dir erst dann ein paar ausgelaugte Ritter vor. Philipp von Flandern griff häufig zu diesem Trick … bis jemand dasselbe tat und ihn schlug!

2 Knöpf dir einen verwundeten Ritter vor, wenn das Spiel vorbei ist und alle auf dem Weg zum Abendessen sind. Der Engländer William Marshal tat das, als ein Ritter auf dem Heimweg vom Pferd fiel und sich ein Bein brach. Der miese Willy schnappte ihn sich und verlangte dreist ein Lösegeld.

3 Lass dir eine Rüstung anfertigen, die man auf dem Sattel festschrauben kann. Dann kannst du nicht herunterfallen. Doch dieser Trick gefiel den Gegnern gar nicht. Um 1300 wurde er verbo-

ten. Um 1400 bezichtigte Lord Wells einen Ritter dieses Vergehens. Doch er hatte sich geirrt und musste sich offiziell entschuldigen.

4 Kämpfe mit einer scharfen Lanze, auch wenn stumpfe vorgeschrieben sind! Im Jahre 1290 kam Herzog Ludwig von Bayern ums Leben, weil eine scharfe Lanze seinen Halsschutz durchbohrte. Das kostete ihn den Hals!

5 Lass dir eine spezielle Rüstung anfertigen. Wenn sich die Lanze in den Panzerhandschuh „hineinschrauben lässt", kann man das Ziel besser treffen. Das war zwar verboten, aber man musste sich ja nicht unbedingt erwischen lassen!

6 Bei einem Fußkampf mit Äxten lass deine Axt fallen und stürz dich auf deinen Gegner. Und wenn er seine Axt hebt, um zuzuschlagen, zieh schnell deinen Dolch und stich ihn unterhalb des Arms. Das versuchte ein Ritter 1408 mit seinem Erzfeind – für die beiden war das kein Spiel! Doch der König konnte ihn rechtzeitig stoppen. Andere dagegen hatten Erfolg mit diesem Trick.

7 Nimm eine dickere und längere Lanze als alle anderen! Dank dieses Tricks waren die böhmischen Ritter anno 1310 unschlagbar. Keiner wollte mehr mit ihnen kämpfen … weshalb sie sich schließlich untereinander schlugen.

8 Bei späteren Turnieren bekam man Punkte, wenn die eigene Lanze am Schild des Gegners abbrach. Wer die meisten gebrochenen Lanzen hatte, war Sieger. Je zerbrechlicher also deine Lanzenspitze, desto eher bricht sie ab und desto mehr Punkte hast du!

9 Überrasche deinen Gegner im Schlaf. Im Jahre 1242 wurde Walter Biset während eines Turniers vom Grafen von Atholl vom Pferd gestoßen. Aus Rache kroch Walter mitten in der Nacht in das Zelt des Grafen und tötete ihn.

10 Verpass deinem Gegner eine „Vorbehandlung": Ein paar deiner Knappen lauern ihm auf dem Weg zum Turnier auf und schlagen ihn zusammen. Mit gebrochenen Rippen, Beinen und Armen wird er nur schwerlich gegen dich gewinnen können.

Schon gewusst ...?
Um 1300 traten merkwürdige Regeln in Kraft. Sieger waren plötzlich Verlierer und umgekehrt. Und das kam so: Je öfter man vom Pferd geworfen wurde und wieder hinaufkletterte, desto tapferer war man. Wer also zehnmal zu Boden ging und sich wieder aufrappelte, war unglaublich tapfer – wer nie vom Pferd geworfen wurde, hatte auch seine Tapferkeit nicht unter Beweis gestellt. Leider ist von diesem Gedanken nichts mehr geblieben. Denn sonst hätte mein Großvater längst sechs Richtige im Lotto gehabt!

Bauernturniere

Lanzenstechen waren beliebter als Kampfspiele, weil Zweikämpfe stattfanden. Da konnte sich ein Ritter so richtig präsentieren – während er bei einem Kampfspiel in der Masse unterging.

Bauern (wie du und ich) konnten den kämpfenden Rittern zwar zuschauen, bekamen aber keine Tribünenplätze. Natürlich hätten wir unter eine Tribüne kriechen können, aber ... wenn die zusammengekracht wäre, hätten wir alt ausgesehen!

In Deutschland machten es die Bauern den Rittern nach und hielten ihre eigenen Turniere ab. Die Ritter hassten diese Bauernturniere, aber das machte sie für das Volk nur noch reizvoller!

Warum organisierst du nicht auch ein Bauernturnier? Wenn du ein paar Freunde zusammentrommelst, könnt ihr am eigenen Leib testen, was die Turnierkämpfe so spannend machte.

Du brauchst:
– mindestens vier Leute
– einen Platz von 20 m Länge und 4 m Breite mit einem Seil, das den Platz der Länge nach in zwei Hälften teilt
– ein von einer Ecke her zusammengerolltes Zeitungsblatt mit einer Spitze an einem Ende
– ein paar Schilde, etwa 50 cm breit (Wer zufällig aus einer adligen Familie stammt, kann den Schild natürlich mit seinem Familienwappen bemalen, sonst denkst du dir ein Motiv aus.)
– Schwimmbrillen (damit ihr euch nicht gegenseitig die Augen ausstecht)

Spielregeln
Zwei von euch sind die Pferde, zwei die Ritter. Die Ritter steigen huckepack auf ihre Pferde.

Die beiden Ritter stehen sich auf ihren Pferden an den beiden Enden des Seils gegenüber, der eine links, der andere rechts vom Seil. Wenn das Kommando ertönt (oder eine wunderhübsche Maid ihr Taschentuch fallen lässt), strecken die Ritter ihre Lanzen aus und halten mit der linken Hand ihren Schild vor die Brust.

Sie stürmen aufeinander los und versuchen, mit ihrer Lanze den Schild des Gegners zu treffen.

Bewertung
Um 1465 erfand der Graf von Worcester ein Punktesystem, das du noch heute benutzen kannst.
Du wirfst den Gegner vom Pferd: fünf Punkte.
Die Spitze deiner Lanze bricht oder ist verbogen: ein Punkt.
Du triffst das gegnerische Pferd mit der Lanze: ein Punkt Abzug.

Spielverlauf
Die beiden Ritter treten dreimal gegeneinander an und zählen ihre Punkte.
Dann wird gewechselt, sodass die Pferde nun selbst reiten dürfen.
Macht euch eine Tabelle und seht, wer die meisten Punkte hat.

Preise
Wenn jeder gegen jeden angetreten ist, nehmen die Ritter ein Bad. Danach bekommen sie einen Kuss von der Dame ihres Herzens; weibliche Ritter vom Mann ihres Herzens. Die Pferde bekommen von jedem einen Kuss und ein Stück Zucker.

Sonderregeln
Wie wär's mit flotten Helmen? Als Helmzier kann jeder sein *Familienabzeichen* auf Karton zeichnen und ausschneiden. Heißt du z. B. Schmidt, male einen Hammer; heißt du Müller, male ein Mühlrad; heißt du Affenstein ... na ja, dann verzichte eben auf die Helmzier.

Der Graf von Worcester vergab fünf Punkte für Ritter, die dem Gegner die Helmzier herunterschlugen.

Du kannst auch deine eigene Rüstung basteln – aber lieber nur aus Karton, sonst läuft dein Pferd am Ende o-beinig durch die Gegend.

Schon gewusst ...?
Wenn zur Belustigung der Adligen nicht genug Ritter in der Nähe waren, mussten einfache Bürger gegeneinander antreten. Zwei Männer aus Gent in Nordeuropa mussten einst zu einem Ringkampf antreten. Sie trugen kurze Hosen und waren am ganzen Körper eingeölt, um unfaire Klammergriffe zu vermeiden. Ihr Zweikampf fand auf dem Marktplatz statt. Die Adligen von Gent setzten sich auf die Tribüne, genau wie bei einem Turnier. Der Ringkampf war mindestens so grob und grausam wie der der rö-

mischen Gladiatoren 1000 Jahre früher und endete erst, als einer der beiden Gegner tot war.

Tafelrunden

Als die Turniere besser organisiert waren, nannte man sie „Tafelrunden". Jeder kennt die Geschichte von König Artus und seinen Rittern von der Tafelrunde. Ob es diesen Artus wirklich gab, weiß kein Mensch, aber alle Ritter versuchten ihm nachzueifern. Deshalb …

- ❖ saßen sie an einem runden Tisch, wo jeder gleich viel galt. Zuvor saßen der König und seine besten Freunde an einem besonderen Tisch.
- ❖ streiften sie als „fahrende Ritter" durch die Lande – immer auf der Suche nach einem Anlass zum Kämpfen oder um einer Dame zu helfen.

- ❖ kleideten sie sich für die Turniere wie König Artus' Ritter (obwohl diese nie mit Lanzen gekämpft hätten).
- ❖ organisierten sie Tafelrunden-Turniere – das erste fand 1223 auf Zypern statt – mit Lanzenstechen und anderen sportlichen Aktivitäten.

Falls du auch ein Tafelrunden-Turnier veranstalten möchtest, hier ein paar Ritterspiele, zum Beispiel …

Steinewerfen

Die Teilnehmer stellen sich an einer Linie auf und werfen einen großen Stein so weit sie können. Wer am weitesten wirft, ist Sieger.

Richtig, Ähnlichkeiten mit unserem Kugelstoßen sind nicht zu-

fällig. Und die alten Griechen kannten diesen Sport schon 2000 Jahre vor den Rittern.
(Wenn du dich zum Steinewerfen zu schwach fühlst, nimm halt einen Kieselstein. Das ist schließlich auch ein Stein, aber bestimmt leicht zu werfen!)

Lanzenwerfen
Die Teilnehmer stehen an einer Linie und werfen eine Lanze. Der Punkt, an dem die Lanze auftrifft, wird markiert. Wer am weitesten geworfen hat, ist Sieger.
Wieder ist die Verwandtschaft mit dem modernen Speerwerfen unverkennbar.
(Wenn dir und deinen schmächtigen Freunden die Lanze zu schwer ist, versucht es mit Bleistiftwerfen.)

Wahnsinnspreise

Bei Turnieren ging es darum, einen Preis zu gewinnen. Wenn du auf dem Rummelplatz Pfeile wirfst oder mit dem Luftgewehr herumballerst, kannst du höchstens eine Plastikfigur oder ein Stofftier gewinnen. Turnierpreise waren etwas prunkvoller ... und ausgefallener.
1263 fand in Deutschland ein Turnier statt, bei dem ein Baum mit silbernen und goldenen Blättern in der Mitte stand. Wer seinem Gegner die Lanze brach, erhielt ein Silberblatt, wer ihn vom Pferd warf, bekam ein Goldblatt. Nicht übel, nicht wahr?
Frauen gab es nur selten zu gewinnen, aber es gab andere tolle Sachen, zum Beispiel ...

❖ 1216, England: Der erste Preis war ein Bär … nicht besonders nützlich, wenn man nicht Zirkusdirektor war.

❖ um 1350, Frankreich: ein Dorn aus Gold … spitzenmäßig!
❖ 1406, Italien: ein silberner Löwe und eine Samtkappe … aber, was, um alles in der Welt, macht ein Löwe mit einer Samtkappe?

❖ 1330, Frankreich: ein goldener Geier … doch woher nimmst du das goldene Vogelfutter?
❖ 1406, Italien: ein Helm mit einem silbernen Drachen als Helmzier, zwei goldenen Flügeln und vielen roten, weißen und grünen Federn … muss ganz schön gekitzelt haben!

❖ 1350, Deutschland: zwei sprechende Papageien ... einen für jede Schulter?

Andere Preise wiederum waren recht reizvoll. Am Ende einiger Turniere fand ein Wettrennen der Damen statt. Diese rannten „so weit, wie ein Mann einen Stein werfen kann" auf einen Tisch zu. Darauf lag der erste Preis. Ein Stück Stoff!

Schon gewusst ...?
Heinrich V. glaubte an die Ritterlichkeit. Er war der Meinung, dass man einen Ritter nicht töten sollte, wenn man es vermeiden kann. Aber vor allem durfte niemals ein Ritter von einem Bauern getötet werden!
Heinrichs liebster Stallbursche war ein Bauer, der bei der Belagerung von Montreau unabsichtlich einen Ritter tötete. Für seinen Einsatz hätte er natürlich belohnt werden können. Doch was tat Heinrich? Er ließ ihn hängen, weil er einen Ranghöheren getötet hatte. Manchen Leute kann man es nie recht machen!

Trübsinnige Kirchen
Die Kirche hatte nichts dagegen, dass Millionen von Heiden abgeschlachtet wurden. Aber dass Ritter sich bei Turnieren aus Übermut gegenseitig verletzten, ging ihr zu weit.

Ein kirchliches Gesetz von 1130 besagt:

> Die Kirche belegt diese Furcht erregenden Veranstaltungen, bei denen Ritter ihre Kraft und ihren Mut unter Beweis stellen wollen, mit einem Bann. Wer bei einem Turnier getötet wird, dessen Seele landet in der Hölle. Wer fürderhin bei einem solchen Kampf zu Tode kommt, dem bleibt ein kirchliches Begräbnis verwehrt.

So, da hast du's! Hauchst du bei einem Turnier dein Leben aus, kommst du nicht auf den Friedhof. Doch das konnte die wenigsten Ritter abschrecken, da ohnehin keiner die Absicht hatte, sich umbringen zu lassen!

Der englische König Richard I. (auch „Löwenherz" genannt) versuchte, den Kirchenbann zu umgehen, indem er 1194 „Turniergenehmigungen" erteilte. Er ging davon aus, dass die Kirche gut organisierte Raufereien dulden würde, und legte fünf offizielle Turnierfelder an.

Am Abend nach dem Turnier erwartete die Ritter ein warmes Bad, etwas Entspannung und ein Küsschen von ihrer Dame. Ein Priester namens Thomas von Cantimpre warnte die Ritter, dass sie ihr Tun teuer würden bezahlen müssen. Hier seine Geschichte von einer Ritterschar, die den Kirchenbann in den Wind geschlagen hatte …

Hört, was sich im Jahre des Herrn 1243 in der Stadt Neuss zugetragen hat. Zahlreiche Herzöge, Grafen, Barone und Ritter hatten sich zu einem Turnier versammelt. Bruder Bernhard vom Predigerorden bat sie, fast unter Tränen, dieses Turnier abzublasen und stattdessen in Ungarn und Polen zum Ruhme der Kirche zu kämpfen. Doch der Herzog von Castris lachte Bruder Bernhard aus und bekräftigte, dass das morgige Turnier stattfinden würde. Am nächsten Morgen erschien am Himmel eine dicke dunkle Wolke, begleitet von krächzenden Krähen. Diese waren Dämonen, die das kommende Unheil ankündigten. Beim Turnier fielen so viele Ritter und Knappen, dass alle spürten, dass der Teufel seine Hand mit im Spiel hatte. Am Ende gab es 367 Tote, darunter auch der Graf von Castris. Lasst euch dies eine Warnung sein, ihr Ritter! Wenn ihr bei einem dieser üblen Turniere ums Leben kommt, erwartet euch der Teufel in der Hölle. Er steckt euch in eine Rüstung, die innen mit Stacheln gespickt ist. Auch bei ihm bekommt ihr ein Bad – ein Flammenbad –, ein Bett zum Ausruhen – aus glühendem Eisen und statt des Kusses eurer Dame erwartet euch der Kuss einer widerlichen Kröte. Und wenn ihr zu den Überlebenden gehört, werden euch die Geister der Gefallenen des Nachts im Schlaf verfolgen.

In Wirklichkeit kamen in Neuss nur 42 Männer ums Leben, keine 367, wie Bruder Thomas behauptet hatte. Da er sich in diesem Punkt getäuscht hat, stimmt die Sache mit dem glühenden Bett und der küssenden Kröte vielleicht auch nicht.

Irgendwann gab die Kirche es dann endgültig auf, gegen die Turniere zu wettern.

Die schreckliche Schlacht von Hastings

Der Papst ermutigte Wilhelm den Eroberer, 1066 in England einzufallen. Das Normannenheer führte die päpstliche Fahne mit sich, als es in den Kampf gen England zog.

Nach der Schlacht von Hastings kletterte Wilhelm auf den Senlac-Hügel und steckte die päpstliche Flagge in den Boden. Doch zuerst musste er die Leichen der gefallenen Angelsachsen beiseite schaffen lassen. (Auf der Flagge stand bestimmt ein christliches Motto wie „Liebe deinen Nächsten … aber kill ihn, wenn der Papst es befiehlt".)

Zum Normannenheer gehörten viele Ritter, aber diese hatten nichts von der Fairness der späteren Ritter. Als sie sahen, dass ein Pfeil das Auge des englischen Königs Harold getroffen hatte, kämpften sie sich zu ihm durch, um ihm vollends den Garaus zu machen. Dabei brüllten sie ihren Schlachtruf Dex aie, was bedeutet: „Gott helfe uns".

Der liebe Gott musste den Normannen an diesem Tag wohlgesonnen sein, denn gleich vier Ritter drangen gleichzeitig bis zu Harold vor. Sie sagten nicht etwa „Nach dir, Jacques" oder „Hey, Harold, willst du dir erst den Pfeil aus dem Auge holen, ehe wir ein faires Kämpfchen machen?". Sie kamen auch nicht auf die Idee, dass vier gegen einen nicht besonders fair ist.

Der Bischof von Amiens beschrieb die Szene folgendermaßen:

> *Der erste Normannenritter spaltete Harolds Brust, indem er sein Schwert durch den Schild des Königs hieb. Das hervorquellende Blut tränkte den Boden. Der zweite Ritter schlug ihm den Kopf unterhalb des Helms ab, der dritte hieb ihm eine Lanze in die Eingeweide. Der vierte schnitt ihm ein Bein ab und trug es fort.*

Die vier Helden haben wirklich gründliche Arbeit geleistet!

Selbst Wilhelm der Eroberer war entsetzt. Als er beim leblosen Körper Harolds ankam und sah, wie ein Ritter namens Ivo auf den toten König einschlug, warf er ihn kurzerhand aus seinem Heer.

Ärgerliche Wappenkunde

Ritter mussten bestimmte Farben tragen, damit man sah, zu welcher Seite sie gehörten, genau wie beim Fußball in der Schule. Bei einem Turnier kämpften zum Beispiel die Weißen gegen die Bunten.

Doch außerdem hatte jeder Ritter seine „Familienfarben". Daran konnte der Feind erkennen, wen er in der Schlacht vor sich hatte. Dann wusste er, ob er so reich war, dass man Lösegeld verlangen konnte – oder so arm, dass man ihn am besten gleich umlegte. Weil die Ritter 1073 noch keine Wappen trugen, wäre es fast zu einer Familientragödie gekommen.

Wilhelm der Eroberer hatte seinen Sohn Robert mit in den Krieg genommen – damit er etwas lernen konnte, was Vätern ja sehr am Herzen liegt. Robert griff versehentlich das Heer des Vaters an und holte einen Ritter vom Pferd. Er hob das Schwert und riss mit der anderen Hand seinem Opfer den Helm vom Kopf. Er hatte seinen Vater vor sich! Was für ein Glück, dass er es noch rechtzeitig bemerkt hatte!

Wenig später trugen alle Ritter eine Art Familienabzeichen – die Plantagenets hatten zum Beispiel einen kleinen Ginsterbusch auf ihrem Helm. Andere malten ein bestimmtes Muster auf ihren Schild.

Wenn eine andere Familie zufällig dieselben Farben gewählt hatte, gab es Probleme.

Um 1300 hatten die Grosvenors einen blauen Schild mit einem goldenen Streifen gewählt. Die Scropes waren auf dieselbe Idee gekommen. Jahrelang stritten sie sich um diese zwei Farben. Auch im Hinblick auf ihre Gegner war es natürlich sehr wichtig. Schließlich will niemand einem Grosvenor den Schädel einschlagen, wenn er es eigentlich auf einen Scrope abgesehen hat, oder? Umgekehrt wäre das natürlich genauso unangenehm. Eine Lösung musste her.

Das Amt für Wappenkunde, das fein säuberlich alle Wappen registrierte, schlichtete den Streit schließlich. Da seine Wappenbücher auf Französisch geführt waren, hieß das Wappen der Scropes/Grosvenors „azure à bend or", also „Blau mit goldenem Band". Ist doch ganz einfach, oder?

Die Ritter versammelten sich um die Flagge mit den Farben ihres Anführers – Flaggen waren eben nicht nur hübsche Dinger, die man fröhlich vor den Fernsehkameras hin und her schwenkt. Sie waren sehr wichtig während einer Schlacht. Außerdem wussten die Zuschauer bei einem Turnier, wer zu welcher Mannschaft gehörte, und konnten „ihrer" Mannschaft zujubeln oder sie bedauern – je nachdem.

Schon gewusst …?
Der deutsche Ritter Max Walther trat auf Turnieren mit einer ungewöhnlichen Helmzier auf – einem Spieß mit drei Bratwürstchen daran!

Schonungslose Kreuzzüge

Chaotische Christen

Schande über Gregor den Großen! Bis zu ihm hatten die Christen geglaubt, Kriege zu führen sei unchristlich.

Doch dann wurde Gregor im Jahre 590 zum Papst gewählt …

Bischöfe durften natürlich kein Blut vergießen – auch kein Heidenblut –, weshalb sie mit großen, schmutzigen Keulen in den Krieg zogen. Damit konnten sie den Heiden die Rübe einschlagen, ohne dass auch nur ein einziger Blutstropfen floss. Es gab sogar zwei Päpste, die mit ihrem Heer in die Schlacht zogen. Das

neue christliche Motto lautete: „Liebe deinen Nächsten ... aber schlag ihn tot, falls er kein Christ werden will."
Als 500 Jahre nach dem Großartigen Gregor die ersten Ritter auftraten, hatten sie eine tolle Ausrede, um sich auszutoben. Sie erklärten allen Feinden des Christentums den Krieg, und so kam es zu den Kreuzzügen ...

Kampf den Sarazenen

Im Jahre 1095 beschloss Papst Urban II., dass Jerusalem den Christen zustand. Die „Heilige Stadt" war von Sarazenen besetzt, also von Mohammedanern. Da Jerusalem bei ihnen ebenfalls als Heilige Stadt galt, wollten sie sie nicht kampflos hergeben.
Der Papst brauchte tapfere Krieger, um die Sarazenen aus der Stadt zu vertreiben. Deshalb forderte er die Ritter Europas auf, für die Kirche und das Christentum zu kämpfen.

Natürlich verschickte der Papst keine Bittbriefe, sondern stellte sich auf die Kanzel und machten den Gläubigen klar, was Christenpflicht ist. Er griff zu einer wirksamen List aller Kriegstreiber und erzählte üble Sachen über den Feind. Urban behauptete ...

Um friedliche Christen zu Tode zu quälen, schneiden die Sarazenen ihnen den Bauch auf, reißen die Eingeweide heraus und stecken sie auf einen Pfahl. Sie schleifen ihre Opfer um den Pfahl und peitschen sie aus. Und wenn sie wehrlos am Boden liegen, töten sie sie. Einige binden sie an Pfähle und beschießen sie mit Pfeilen. Anderen befehlen sie, ihren Hals zu entblößen, und dann testen sie, ob sie ihnen den Kopf mit einem einzigen Schwerthieb abschlagen können.

Tja, und du dachtest, euer Geschichtslehrer wäre grausam!

Natürlich hatte der Papst keine Ahnung, wovon er sprach. Er verbreitete nur Gerüchte, die er gehört hatte. Die meisten davon waren frei erfunden, denn die Sarazenen waren auch nicht schlimmer als die Christen. Wie grausam christliche Krieger sein konnten, sollte sich aber erst noch zeigen!

Jedenfalls waren die europäischen Ritter Feuer und Flamme, als ihre Priester ihnen den Wunsch des Papstes kundtaten. Im Großen und Ganzen sagte die Kirche Folgendes:

Ritter

Ist es nicht langweilig, zu Hause herumzusitzen, niemanden angreifen zu dürfen und nichts Aufregendes zu erleben?

Aber du kannst etwas für dein Leben tun – das jetzige und das jenseitige!

Du kannst
- eine Vergnügungsreise in ein fernes Land machen
- neue Freunde aus ganz Europa kennen lernen
- Heiden abschlachten – ohne gegen die Gesetze zu verstoßen
- dir für das Jenseits einen Platz im Himmel erobern
- als Held zu deiner Familie und deiner Dame zurückkehren
- die Häuser Ungläubiger ausplündern und schwerreich werden

Wie?

Ganz einfach: Tretet der Heiligen Armee bei. Tragt ein Kreuz auf dem Waffenrock. Reist nach Jerusalem – ohne Rückfahrkarte. Vertreibt die Sarazenen, und erwerbt euch Ruhm und Ehre.

Denkt daran, Ritter: Gott ist auf eurer Seite. Ihr könnt diesen Kampf nicht verlieren!

Natürlich bargen die Kreuzzüge auch ein gewisses Risiko: Man konnte umkommen oder morgens tot aufwachen und dann feststellen, dass Gott auf der Seite der Sarazenen war!

Auch die Bauern Europas wurden aufgefordert, gen Jerusalem zu ziehen. Ein verrückter Priester namens Peter der Einsiedler erzählte jedem, dass Jesus wieder auf die Erde käme, wenn nur genügend Pilger nach Jerusalem zögen. Die armen Bauern glaubten ihm und marschierten los.

Sie bildeten keine Armee, nur einen armseligen, lärmenden Haufen. Unter ihnen waren auch ein paar Ritter, aber auch viele Frauen und Kinder. Sie plünderten jede Stadt, die auf ihrem Weg lag.

Schließlich gerieten sie in einen Hinterhalt der Sarazenen. Anfang des 12. Jahrhunderts schrieb die Sarazenen-Prinzessin Anna Kommene 15 Geschichtsbücher. Darin schilderte sie auch das blutige Ende des Bauern-Kreuzzugs …

Nach dem Kampf wurden die Leichen auf einen Haufen geworfen. Dieser Haufen war größer als ein Hügel, eher so hoch und so breit wie ein Berg. Es war ein ungeheuer entsetzlicher Anblick.

Die französischen Ritter hatten mehr Glück. Auf dem Weg ins Heilige Land massakrierten sie in ihrem Tatendrang alles, was ihnen vor das Schwert kam. Da sie jedoch noch nicht auf feindlichem Gebiet waren, waren es lauter Christen. Den ersten Kontakt mit den Sarazenen hatten sie, als diese sie in einer Burg umzingelten. Als die Wasservorräte zu Ende gingen, mussten die Ritter sich ergeben. Ihnen blieb nur eine Wahl: Moslem werden oder sterben.

Wie viele andere zog auch ihr Anführer Rainald den Tod vor und wurde 1187 hingerichtet.

Schreckliches Antiochia

Im Jahre 1098 kam die größte Gruppe der Kreuzfahrer, angeführt von Bohemund, in der Stadt Antiochia im Heiligen Land an. Eine beschwerliche Reise lag hinter ihnen, und sogar der verrückte Einsiedler-Peter hatte zu fliehen versucht, aber er wurde vom edlen Ritter Tankred daran gehindert.

Die Sarazenen verriegelten die Stadttore, und die Kreuzfahrer belagerten Antiochia. Das hätte sich noch ganz schön lange hinziehen können. Doch die Kreuzfahrer hatten es eilig. Von Mosul zog nämlich ein moslemisches Heer heran. Sie mussten in die Stadt gelangen, ehe dieses Heer eintraf, sonst waren sie verloren.

Da schien Gott den Christen zur Abwechslung einmal wohlgesonnen zu sein. Sie hatten dreimal hintereinander Glück. Als Erstes erfuhr Bohemund von einem Mann, der gewillt war, ihm zu helfen …

> Ehrenwerter Herr Bohemund,
> hallo! Ihr kennt mich nicht, aber ich kenne Euch. Ihr seid der große blonde Ritter, der die Christen anführt, nicht wahr? Gestattet, dass ich mich vorstelle: Ich heiße Firouz, aber dieses Schreiben ist sehr geheim, weshalb ich lieber anonym bleibe.
>
> Bitte wenden!

> Ich bin Rüstungsschmied und könnte Euch eine schöne Rüstung machen. Doch das ist nicht der Grund meines Schreibens. Ich schreibe Euch, weil ich Hauptwächter am Turm der Zwei Schwestern in Antiochia bin. Es ist ein elender Job, und wegen Eurer Belagerung sind wir alle furchtbar hungrig. Ich versuchte, ein paar Körner auf die Seite zu schaffen, aber unser Kommandant merkte es und bestrafte mich hart, der miese Kerl. Außerdem ertappte ich ihn in den Armen meiner Frau, diese Kanalratte. Doch egal, ich verlange nicht viel, nur meine Rache. Versprecht Ihr mir, ihn zu töten, wenn ich Euch heimlich zum Stadttor hereinlasse?
>
> **Gezeichnet: Firouz**
> (der lieber namenlos bleibt)

Firouz verriet Antiochia – er ließ Kreuzfahrer in die Stadt. In jener Nacht kamen alle Bewohner – Männer, Frauen und Kinder – ums Leben (außer Firouz).

Zwanzigtausend Kreuzfahrer waren nun innerhalb der Stadtmauern, aber dank ihrer eigenen Belagerung gab es weit und breit nichts zu essen.

Da rückte unglücklicherweise auch schon das Heer der Sarazenen aus Mosul an.

Nun waren die Kreuzfahrer die Belagerten, und sie mussten jetzt hungern. Doch dann kam ihnen der zweite glückliche Zufall zu Hilfe …

Antiochia-Kurier

14. Juni 1098 — Preis: 1 Silbermünze

WUNDERMANN ENTDECKT SPEER

In der Kathedrale von Antiochia wurden heute zahlreiche Kreuzfahrer Zeugen des größten Wunders dieses Jahrhunderts. Vier Tage zuvor hatte der Bauer Peter Bartholomäus dem Heerführer der Kreuzfahrer anvertraut, dass unter dem Fußboden der Kathedrale ein Geheimnis läge: die Lanze, mit dem man Jesus damals am Kreuz in die Seite gestochen hatte. Anfangs wollte der Heerführer nichts wissen von dem Gerede des Bauern, der eher als Trinker denn als frommer Mann bekannt war. Doch Peter Bartholomäus beharrte auf seiner Aussage.

Unter den Augen mehrerer hundert Menschen wurde deshalb heute der Fußboden der alten Kathedrale aufgerissen. Arbeiter begannen zu schaufeln. Als die Grube etwa so tief war wie ein Mann groß, wurde den Arbeitern befohlen, ihre Arbeit einzustellen. Doch da sprang Peter Bartholomäus, nur mit einem Hemd bekleidet, in die Grube und rief: „Betet, ihr Christen! Betet!" Minuten später stieß er einen Schrei aus und tauchte mit einer alten Eisenlanze in der Hand wieder auf.

„Ein Wunder!", erklärte der Abgesandte des Papstes, Adehmar, als er die Lanze entgegennahm. „Ein Zeichen Gottes, dass wir seinen Segen haben. In genau vier Tagen werden wir die Heiden

von Mosul angreifen, und Gott wird uns den Sieg gewähren. Bis dahin müssen wir unseren guten Willen unter Beweis stellen und fasten."
Ein seltsames Ansinnen – da es ohnehin nichts Essbares in Antiochia gibt. Aber wer wagt es schon, ein Zeichen des Himmels in Frage zu stellen? „Es ist Gottes Wille", sagte Sir Bohemund, und mit diesem Kampfruf werden die Kreuzfahrer demnächst in die Schlacht ziehen.
Adehmar versprach Peter Bartholomäus eine Belohnung, falls wir den Kampf überleben. Zudem hat er sich ein Anrecht auf einen Platz im Himmel erworben.

Das so genannte „Wunder" konnte natürlich ein Trick des Heerführers sein, um seine mutlosen Mannen zu motivieren. Aber jedes Zögern hätte den baldigen Hungertod bedeutet. Die Leute kauten schon Leder und aßen gekochte Baumrinde.

Vier Tage später trauten sich die entkräfteten Kreuzritter aus der belagerten Stadt heraus – dem sicheren Tod durch die Schwerter aus Mosul entgegen. Doch dann ereignete sich der dritte glückliche Zufall.

Ein unbekannter Historiker jener Zeit berichtet …

Das Heer verließ die Stadt mit nur einhundert Pferden. Weitere zweihundert blieben bei Graf Raimund zurück, der zu schwach zum Gehen war. Unter lautem Beten der Priester zogen die Männer hinter der heiligen Lanze her.

Plötzlich erschien von den Bergen her ein großes Heer von Männern auf weißen Pferden mit weißen Fahnen. Die

> *Kämpfenden hielten dieses Heer für die himmlischen Heerscharen, angeführt vom Heiligen Georg persönlich. Die Priester begannen, laut zu beten, die Ritter und Soldaten stürzten sich in die Schlacht.*
>
> *Die Sarazenen flohen beim Anblick des fremden Heeres. Unsere Männer fielen auf die Knie und dankten Gott für das Wunder der Heiligen Lanze, das sie gerettet hatte.*

In Wirklichkeit hatte es sich bei dem fremden Heer um eine weitere moslemische Armee gehandelt, Feinde der Mosulen, die sie ebenfalls angreifen wollten. Es war also weder der Heilige Georg noch ein Wunder ... nur, dass sie im richtigen Moment eingetroffen waren!

Peter Bartholomäus wurde übrigens bald als Schwindler bezeichnet. Um zu beweisen, dass er ein Heiliger war, erbot er sich, die Lanze durch ein Feuer zu tragen. Dabei zog er sich allerdings böse Verbrennungen zu. (Manche behaupteten, seine Feinde hätten ihn ins Feuer zurückgestoßen!) Zwölf Tage nach dieser Mutprobe machte er sich auf den Weg in den Himmel, um seine himmlische Belohnung in Empfang zu nehmen.

Kannibalische Kreuzfahrer

Im Juli sandte Gott (oder sonst jemand) die Pest nach Antiochia, der auch Bischof Le Puy, ein Vertrauter des Papstes, zum Opfer fiel. Die überlebenden Kreuzfahrer setzten ihren Weg nach Jerusalem fort und eroberten unterwegs noch kurz die Stadt Maarrat.

Wieder eine Stadt ohne Essensvorräte! Bei diesem Massaker an den Sarazenen wurden diesmal keine Menschenleben sinnlos vergeudet, wie der Schreiber Radulf von Caen berichtete ...

> *Unsere Truppen kochten die heidnischen Körper in großen Töpfen, steckten die Kinder auf Spieße und verzehrten sie gegrillt.*

In einem Schreiben an dem Papst entschuldigten sich die Ritter für ihr schändliches Verhalten und baten um Vergebung. Die gegrillten Sarazenen-Burger hatten sie nur in höchster Not gegessen. Also war alles okay. (Christen-Burger zu essen wäre natürlich eine Sünde gewesen.)

Am 15. Juni 1099 kletterten die Kreuzfahrer über die Mauern von Jerusalem – drei Jahre nach ihrem Aufbruch in Europa.

Wie üblich massakrierten sie alle Sarazenen in der Stadt. Viele Sarazenen hatten ihr Gold im Mund versteckt, um es vor den Kreuzfahrern zu retten. Und als sie in die Enge getrieben wurden, verschluckten sie es und wurden zu einer Art menschlicher Sparschweine. Aber es nützte ihnen nichts. Die Kreuzfahrer wussten von diesem Trick und holten das Gold auf dem kürzesten Weg wieder heraus – direkt aus dem Bauch.

Papst Urbans Kreuzzug war von Erfolg gekrönt! Rasch wurde die Kunde nach Rom getragen. Aber falls du glaubst, der alte Urban hätte sich darüber gefreut, täuschst du dich. Der Gute war himmelwärts gereist, und zwar zwei Tage vor Ankunft der frohen Kunde.

Weil die Sarazenen keine Ruhe geben wollten, machte sich ein zweiter Zug von Kreuzfahrern auf den Weg, um den ersten zu unterstützen. Ihm war kein Erfolg beschieden. Ein dritter Kreuzzug unter der Leitung von Richard Löwenherz wurde losgeschickt. Richard kämpfte gegen den Sultan Saladin und musste nach vielem Blutvergießen ebenfalls aufgeben. Unzählige Moslems und

Christen waren auf schreckliche Weise ums Leben gekommen, doch ihr Opfer hatte niemandem genützt.

Anno 1291, keine zweihundert Jahre nach dem ersten Kreuzzug, verloren die Christen ihre letzte Stadt im Heiligen Land.

Schon gewusst …?
Die Sarazenen waren nicht weniger grausam als die Christen. Im Jahre 1119 wurde Graf Robert in einer Schlacht gefangen genommen und vor den Herrscher von Damaskus gebracht. Dieser zog sein Schwert und schlug Robert den Kopf ab. Als hätte das nicht schon gereicht, warf er den Leichnam seinen Hunden zum Fraß vor. Den Schädel hob er auf, ließ ihn mit Juwelen besetzen und benutzte ihn als Trinkgefäß!

Verrückte Ordensleute
Nachdem die Kreuzfahrer des ersten Kreuzzugs Jerusalem er-

obert hatten, waren sie erst einmal ratlos. Was sollten sie als Nächstes tun? Pilger auf dem Weg nach Jerusalem waren noch immer in Gefahr. Deshalb gründeten einige der Kreuzfahrer einen Orden. Sie nannten sich „Tempelritter", da sie ihren Sitz in der Nähe des Tempels von Jerusalem hatten.

Dieser Orden, eine Art Klub für große Jungs, hatte ziemlich merkwürdige Regeln. Mit den lustigen Turnierrittern daheim in Europa hatten sie nur wenig gemeinsam. Diese Jungs meinten es ernst, ganz, ganz ernst.

1 Wie beim Militär üblich, durften die Templer nicht ohne Erlaubnis ausgehen ... außerdem verlangten diese Ritter, dass man das Ordenshaus nur durch die Vordertür verlassen sollte. Deshalb konnte sich niemand heimlich davonschleichen und vergnügen.

2 Alle anderen Ritter nahmen an Turnieren teil ... den Tempelrittern war dies strengstens untersagt.

3 Andere Ritter jagten Hirsche und Wildschweine ... die Templer durften nur eine Tierart jagen, nämlich Löwen.

4 Vergnügungen wie Glücksspiele, Alkohol und Frauen waren verboten. (Erstaunlich, dass ihnen nicht auch das Atmen untersagt wurde.)

5 Die Strafen waren ziemlich hart. Die Templer mussten zum Bei-

spiel für ein Jahr als Sklave arbeiten oder wurden für den Rest ihres Lebens eingekerkert.

6 Einige dieser Ordensleute waren echt verrückt. Von Zeit zu Zeit fasteten sie freiwillig. Doch manche übertrieben maßlos und fasteten, bis sie sich nicht mehr auf den Beinen halten konnten. Keine gute Idee, wenn man kurz vor einer Schlacht steht! Anno 1216 hielt der Bischof von Acre vor den Templern folgende Rede …

Freunde, hört die Geschichte eines Ritters, dem das Fasten mehr bedeutete als das Kämpfen. Dieser Ritter nahm nur Brot und Wasser zu sich, und das eine Woche vor einer wichtigen Schlacht gegen die Sarazenen. Als der Tag der Schlacht gekommen war, musste ein Freund ihm in die Rüstung helfen. Nur in der steifen Rüstung konnte er sich auf den Beinen halten, andernfalls wäre er umgekippt.

Vier Ritter mussten dem zittrigen Ritter auf sein Pferd helfen. Allein das Sitzen kostete ihn große Mühe, aber sein Pferd trug ihn sicher auf das Schlachtfeld. Als er auf den Feind zuritt, klapperten seine Knochen in der Rüstung wie Nägel in einer Blechbüchse.

Ein Feind ritt auf diesen Templer zu und schwang sein Schwert. Das Schwert prallte zwar harmlos an der Rüstung ab, doch der Templer verlor das Gleichgewicht und fiel vom Pferd. Ein Freund musste den zitternden Ritter wieder in den Sattel heben.

Tapfer ritt er weiter. Diesmal traf ein Pfeil seine Brustplatte, prallte aber ab. Doch allein die Wucht des Pfeils reichte aus, um den Templer erneut in den Staub zu werfen.

Sein getreuer Freund half ihm wieder aufs Pferd. Doch dabei sagte er erbost: „Wenn Ihr nochmals fallt, Sir Brot-und-Wasser, sucht Euch gefälligst einen anderen, der Euch wieder aufs Pferd hilft."

Tempel-Terror

Die Templer eigneten sich im Laufe der Zeit viele Burgen und große Reichtümer im Heiligen Land an. Da sie so reich waren, konnten sie bald sogar Geld verleihen.

Lösegelder zahlten sie grundsätzlich nicht. Als 1177 ihr Großmeister gefangen genommen wurde, verlangten die Sarazenen ein Lösegeld. Der Orden lehnte ab, und der Großmeister starb im Kerker.

Natürlich konnte es nicht lange dauern, bis jemand auf die Idee kam, das Geld der Tempelritter an sich zu reißen.

Dieser Jemand war der französische König Philip IV., auch Philip der Schöne genannt!

Fakten über Schlachten

Willst du deine Eltern nerven? Schließlich wollen sie, dass du in der Schule gute Noten bekommst. Sag ihnen, du müsstest dein Wissen über das Mittelalter überprüfen, und foltere sie mit den folgenden Fragen …

Richtig oder falsch?
1 Wenn ein Ritter mit Rüstung vom Pferd fiel, konnte er nicht mehr aufstehen und weiterkämpfen.
2 Wendeltreppen in Burgen führen immer im Uhrzeigersinn nach oben.
3 Richard Löwenherz' Schwert war unzerbrechlich.
4 Die Bewohner von belagerten Burgen hielten mittels Brieftauben den Kontakt mit ihren Freunden.
5 Ritter griffen nicht immer zu Pferd an. Zuweilen krochen sie in das Zelt eines Feindes und ermordeten ihn im Schlaf.
6 Schwerter polierte man mit einem in Essig getauchten Tuch.
7 Wenn man wollte, dass ein Baby später Ritter wurde, musste es sein erstes Essen von einem silbernen Löffel bekommen.
8 Ein Kreuzritter teilte das Zelt mit seinem Pferd.
9 Eine Gruppe von Kreuzrittern wurde von einer Gans angeführt.
10 Wenn die Bogenschützen ihre Pfeile verschossen hatten, versteckten sie sich hinter den Rittern.

Antworten: 1 Falsch. In den meisten Rüstungen konnte man sich ganz gut bewegen. Ein Ritter konnte einen Purzelbaum schlagen und sich auf sein Pferd schwingen. Wenn er nur einen Brustpanzer trug, konnte er bestens an der Unterseite einer Leiter hinaufklettern – um so die Mauern einer belagerten Burg zu ersteigen!

2 Richtig. So kannst du als Rechtshänder besser das Schwert führen, wenn dich ein Angreifer rückwärts die Wendeltreppe hinaufjagt. Aber in einigen Burgen, zum Beispiel Caerfilly in Wales, gibt es auch Treppen, die gegen den Uhrzeigersinn verlaufen. Dann konnte der Burgherr frei wählen, in welchem Treppenhaus er lieber kämpfte.

3 Falsch. Vor dem dritten Kreuzzug nahm König Richard einem Bauern seinen Falken ab – weil so ein Vogel seiner Meinung nach nur einem Adligen zustand. Als sich ein wütender Bauernhaufen um ihn versammelte, schlug Richard mit dem Schwert zu. Es zerbrach. Richard entkam nur mit knapper Not. Schwerter waren stumpf und spröde und nur geeignet zum Zuschlagen, nicht zum Schneiden.

4 Richtig. Die Kreuzfahrer lernten diesen Trick von den Sarazenen. Botschaften wurden unter dem Schwanz oder unter den Flügeln einer Taube befestigt, nicht an den Füßen. Aber es gab auch Tauben, die im falschen Lager landeten und ihre Geheimnisse preisgaben. Dann konnten die Botschaften vertauscht werden, um den Feind auszutricksen. Die Sarazenen verfügten 1171 über ein ausgeklügeltes Brieftaubennetz, das Botschaften von einem Ende ihres Reiches zum anderen überbrachte.

5 Richtig. Am 15. April 1291 schlichen zum Beispiel ein paar Tempelritter in ein Lager der Sarazenen. Offensichtlich hatten sie vergessen, dass Zelte normalerweise mit Seilen versehen sind. Einer der Ritter stolperte über ein solches und plumpste in die Toilettengrube der Sarazenen. Er soll darin ertrunken sein! Würg! Die restlichen Templer wurden gefangen genommen und hingerichtet. Ihre Köpfe hängte man einem Pferd um den Hals, und so wurden sie am nächsten Tag dem Sultan vorgeführt. Auch die Schlacht von Otterburn in England begann 1388 mit einem nächtlichen Überfall, bei dem die englischen Angreifer in ihr Verderben tappten. Denn statt der schottischen Ritter griffen sie aus Versehen den Gepäckwagen an.

6 Richtig. Ein Schwert wurde zwar in einer Scheide aufbewahrt, verlor aber dennoch rasch an Glanz. Junge Knappen hatten die langweilige Aufgabe, Schwert und Rüstung mit Essigwasser wieder auf Hochglanz zu bringen. Einen Kettenpanzer legte man in einen Sack mit Sand und Essig und schüttelte dann kräftig. (Anmerkung: Bei deiner Jeans klappt das nicht! Lass es bleiben!)

7 Falsch. Wenn der Kleine Ritter werden sollte, musste er seinen ersten Bissen von der Schwertspitze seines Vaters essen! Hoffentlich hatte der Vater eine ruhige Hand, sonst wäre aus dem Kleinen womöglich ein Schwertschlucker geworden!
8 Richtig. In der Hitze des Heiligen Landes sorgten manche Ritter sogar dafür, dass ihr Pferd noch vor ihnen etwas zu trinken bekam.
9 Richtig. Als 1095 der erste Kreuzzug loszog, erblickte eine Pilgergruppe eine Gans, von der sie glaubten, sie wäre von Gott geschickt worden. Im Gänsemarsch folgten sie ihr, aber als ihr Hunger größer wurde, haben sie sie vermutlich verspeist.
10 Falsch. Auch Bogenschützen hatten zum Teil Schwerter und manche sogar Pferde. Wenn sie keine Pfeile mehr hatten, konnten sie mit anderen Waffen weiterkämpfen.

Schon gewusst …?
Im Jahre 1450 prahlte Karl VII. von Frankreich: „Ich habe die größte Sammlung an Veuglairen, Serpentinen, Crapaudinen, Culverinen und Ribaudequinen, die es je gab." Er sprach weder von Musikinstrumenten noch Satinjacken oder Plüschhasen. Er redete von den verschiedenen Gewehrtypen, die sein Heer besaß.

𝔅lutige 𝔎ämpfe

Großartige Krieger

Ritter pflegten nicht ständig nur auf tollen Pferden an prachtvollen Turnieren teilzunehmen. Viele von ihnen führten ein recht heldenhaftes Leben. Hier einige der führenden Lanzenträger und Schwertschwinger des Mittelalters:

Name: William Marshal
gelebt: in England, 1144–1219
Ruhmestat: Als Kind wurde er von König Stephen gefangen genommen. Der König drohte damit, den jungen William mit einem Katapult in die Burg seines Vaters zu schleudern, falls dieser sich nicht ergab. (Trotz der Weigerung seines Vaters, sich zu ergeben, kam William mit dem Leben davon.)

Schlimmstes Erlebnis:
Bei einem Turnier stieß er Prinz Richard vom Pferd, der wenige Tage später König wurde, weil sein Vater verstarb. William Marshal wurde des Mordversuchs am neuen König beschuldigt. „Wenn ich Euch hätte töten wollen, hätte ich es getan", erwiderte William ungerührt, und Richard verzieh ihm. Einmal gewann William bei einem Turnier einen Preis, konnte ihn jedoch nicht in Empfang nehmen. Er lag derweil auf dem Amboss eines Schmieds, der seinen Helm wieder in Form hämmerte, damit William ihn abnehmen konnte!

Name: Bertram du Guesclin
gelebt: in Frankreich, 1320–1380
Ruhmestat: Als junger Ritter führte er einen Angriff gegen die Stadt Melun an und erklomm allein die Stadtmauern, um seine Männer wenig später in die Stadt zu lassen. Außerdem rettete er seinen jüngeren Bruder vor den Engländern, indem er sich erbot, für ihn zu kämpfen. Er siegte, und sein Bruder war gerettet!

Schlimmstes Erlebnis: Weil er ein hässliches Kind war, behandelten seine Eltern ihn wie einen Dienstboten. Deshalb riss er aus und lernte das Kämpfen, als er eine Bande junger Männer anführte.

Name: Edward, der Schwarze Prinz
gelebt: in England, 1330–1376
Ruhmestat: In der Schlacht von Poitiers nahm er den französischen König Johann gefangen, bediente ihn anschließend bei der Siegesfeier und sagte, es sei ihm eine große Ehre, einen Ritter wie ihn zu bedienen. Der schwarze Ed war sehr mutig – im spanischen Nájera führte

er sein Heer um einen Berg, um den Feind zu überraschen. Es klappte, und er und seine Mannen schlugen das gegnerische Heer.
Schlimmstes Erlebnis: In Spanien holte er sich eine Krankheit, von der er sich nie ganz erholen sollte. Er war ein harter Bursche, der die Bewohner der Städte, die er erobert hatte, häufig umbringen ließ. Ein Bischof bat ihn an seinem Totenbett, seinen Feinden zu vergeben, wie es sich für einen guten Ritter gebührte. Doch Ed schwieg eisern … bis er wenig später starb.

Name: Ulrich von Liechtenstein
gelebt: Bayern, 13. Jahrhundert
Ruhmestat: Wie er behauptete, verliebte er sich schon mit zwölf Jahren in die Dame seines Herzens. Als fahrender Ritter reiste er durch Europa, um seine Liebe zu beweisen, indem er gegen jeden kämpfte. Er pflegte eine lange blonde Perücke und Frauenkleider zu tragen, was natürlich jeden Gegner abschreckte!

Auf seiner Venus-Tour (wie er sie nannte) bot er jedem, der ihn schlagen würde, einen goldenen Ring. Dafür musste der Sieger seiner Dame Tribut zollen, indem er sich in alle vier Himmelsrichtungen verneigte. Ulrich behauptete, insgesamt 307 Lanzen zerbrochen zu haben.
Schlimmstes Erlebnis: Als er während eines Turniers eine Laufmasche in seiner Strumpfhose entdeckte (Ist nur ein Witz!). Er musste 271 Ringe verschenken, weshalb er wohl kaum so gut kämpfte!

Name: König Edward I.
gelebt: England, 1239–1307
Ruhmestat: Er war verrückt auf Turniere und die Legende von König Artus. Er brachte etwas Ordnung in das Turnierleben: So durften die Zuschauer fortan keine Waffen mehr bei sich tragen. Früher waren sie damit oft auf die Anhänger anderer Ritter losgegangen. Sein bei Turnieren erworbenes Können stellte er in Schlachten gegen die Waliser, Schotten und Franzosen unter Beweis.

Schlimmstes Erlebnis: Bei seinen ersten Turnieren in Frankreich wurde er mehrmals geschlagen und verlor jedes Mal Rüstung und Pferd. Später langweilte er sich während einer ruhigen halben Stunde und forderte einen gegnerischen Baron zum Zweikampf. Ed kämpfte so wacker, dass der Gegner ihn vom Pferd stoßen wollte. Da dies verboten war, griffen Eds Männer ein und metzelten die gesamte Gegnerschaft nieder.

Name: Gottfried von Bouillon
gelebt: Frankreich, 11. Jahrhundert
Ruhmestat: In Antiochia wurde Gottfried von einem Sarazenen zum Duell herausgefordert. Sie galoppierten aufeinander zu und Gottfried holte mit dem Schwert aus. Die obere Hälfte des Sarazenen „lag keuchend auf dem Boden", während die untere Hälfte auf dem Pferd weitergaloppierte! Geoffrey schnitt mit dem Schwert noch einen weiteren Sarazenen entzwei, und zwar der Länge nach bis zum Rücken des Pferds.

Schlimmstes Erlebnis: Bei der Belagerung von Jerusalem stieg er als Erster über die Stadtmauer. Nach dieser Anstrengung schwitzte Geoffrey ganz fürchterlich. Er erholte sich aber nicht mit einem großen Glas Wasser, sondern mit Unmengen Wein. Davon bekam er hohes Fieber, das ihn wenig später umbrachte.

Name: Balduin I.
gelebt: Frankreich, 1058–1118
Ruhmestat: Als führender Kreuzritter wurde er der erste christliche König von Jerusalem. Einmal führte er sein Heer von 200 Rittern gegen eine Armee der Sarazenen … und musste feststellen, dass der Feind ihn mit 20 000 Mann umzingelt hatte! Die meisten Christen starben, doch Balduin bekam das schnellste Pferd der Stadt in die Finger und konnte in die nahen Hügel fliehen.

Schlimmstes Erlebnis: Bei einer anderen Kreuzritter-Schlacht blieben nur er und drei andere Ritter übrig. Sie hielten es für ratsam, sich im Schilf zu verstecken. Die Sarazenen setzten einfach das Schilf in Brand. In den Rauchschwaden konnten sie zwar fliehen, erlitten aber schwere Verbrennungen.

Name: Rodrigo Diaz de Bivar
gelebt: Spanien, 1043–1099
Ruhmestat: Dieser große spanische Kämpfer wurde als El Cid bekannt – der Herr. Er hatte einen Löwen als Schmusetier und war unschlagbar in den Schlachten gegen die maurischen Eindringlinge aus Nordafrika. In einer bestimmten Schlacht soll er 300 Mauren mit eigener Hand getötet haben.

Bei seinem Anblick ergriffen die Gegner die Flucht. (Könnte natürlich auch an seinem Löwen gelegen haben …)

Schlimmstes Erlebnis: Eines Nachts träumte Rod, er würde in 30 Tagen sterben. Deshalb befahl er, dass seine Männer ihn nach seinem Tod auf sein Pferd binden sollten, damit er sie ein letztes Mal in die Schlacht führen konnte. Die Mauren, die vom Tod El Cids gehört hatten, liefen bei diesem Anblick entsetzt davon – sie glaubten, er sei von den Toten auferstanden. Verständliche Reaktion! Die Spanier brachten es nicht übers Herz, ihn zu beerdigen, weshalb sie ihn noch zehn Jahre lang auf einen Thron sitzen ließen, bevor sie ihn begruben!

Manchmal ist es hart, ein Held zu sein! Bei einem Angriff auf Jerusalem hatten die Kreuzfahrer nur eine Leiter, um an der Stadtmauer hinaufzuklettern. Jeder wollte ein Held sein und als Erster oben sein ... obwohl dort die Sarazenen warteten! Raimbaud Creton wurde die Ehre zuteil. Wacker kletterte er hinauf und legte seine Hand auf die Mauerzinnen. Sofort wurde sie ihm abgeschlagen.

Der Preis für Heldentum besteht darin, sich nie wieder selbst die Schuhe zubinden zu können!

Schon gewusst ...?
Der Kreuzfahrer Balduin lag in Ägypten im Sterben, wollte aber auf keinen Fall in einem moslemischen Land begraben werden. Lieber wollte er zurück nach Jerusalem, wo er als König regiert hatte. Damit sein Leichnam auf der langen Reise nicht faulte, hinterließ er Anweisungen für seine Präparierung ...

Wenn ich tot bin, müsst ihr mir mit einem Messer den Bauch aufschneiden und die Eingeweide herausnehmen. Dann reibt meinen Körper mit Salz und Gewürzen ein, und wickelt ihn in große Tücher. Bringt mich nach Jerusalem für ein christliches Begräbnis, und setzt mich neben dem Grab meines Bruders bei.

Ägypten war der passende Sterbeort für ihn, denn er wollte ja als mittelalterliche Mumie verpackt werden. Wer den Leichnam wohl gesalzen hat? Der Heereskoch natürlich!

Böse Ritter

Turniere waren für Ritter Übungen für den Ernstfall. Für Schlachten, die sie niemals kämpften! Wir alle kennen Ritter aus dem Fernsehen oder Kino. Mit wehenden Fahnen stürmen sie auf das gegnerische Heer zu. Aber so ging es bei Schlachten im Mittelalter nur selten zu.

In Wirklichkeit ging es meist darum, Burgen oder Städte zu belagern, den Feind auszuhungern und seine Vorräte zu vernichten.

Wenn man auf freiem Feld zufällig auf den Feind stieß, war es ratsamer, nicht auf ihn zuzugaloppieren. Das wäre ganz schön riskant gewesen. Es war besser, den Angriff ihm zu überlassen. Tollkühne Angreifer zogen häufig den Kürzeren. Gerart von Ridfort griff zum Beispiel anno 1187 bei Cresson ein großes Heer an. Was für ein Held! Mit seinen 130 Mann nahm er es mit 7000 Gegnern auf. Nur zwei seiner Leute überlebten. War Gerart nun ein Held oder ein Dummkopf?

Du erkennst das Problem, oder? Wenn du mit deinem Heer auf den Feind zureitest, zersplittert ihr euch und seid beim nächsten Angriff verstreut. Jeder Ritter kämpft am Ende allein und ist somit leichter vom Pferd zu stoßen. Einige Ritter waren gute Einzelkämpfer – wenn sie stark, böse und geschickt genug waren. Wer auf einen solchen Ritter traf, tat gut daran heimzugehen, eine Tasse Tee zu trinken und das Kämpfen seinen Kumpeln zu überlassen.

Robert Guiscard gehörte zu den normannischen Rittern, um die man besser einen großen Bogen machte. Ein Historiker berichtete …

> *Unglaubliche Schwerthiebe fielen auf beiden Seiten. Hie und da erblickte man menschliche Körper – gespalten von Kopf bis Rumpf sowie Pferde, die ein ähnliches Schicksal ereilt hatte. Als Robert Guiscard seinen Bruder vom Feinde bedrängt sah, stürmte er mit Heldenmut herbei. Seine Lanze durchbohrte die feindlichen Mannen, mit dem Schwert hieb er ihnen die Köpfe ab, und seine starke Hand schlug mit der Streitaxt auf sie ein. Dreimal wurde er selbst vom Pferd geworfen, stieg jedoch stets wieder auf und stürzte sich, von seinem Zorn angespornt, erneut in die Schlacht. Vor Wut schäumend, schlug er den Feinden Hände und Füße ab. Hier spaltete er einen Schädel und den Rumpf gleich mit, da schlitzte er einen Bauch und eine Brust auf; die Rippen eines anderen Mannes brach er, nachdem er ihm den Kopf abgeschlagen hatte. Nach dieser großen Schlacht herrschte allgemeine Einstimmigkeit, dass niemand tapferer gekämpft hatte als er.*

Ein niedliches Kerlchen. Seine Mutter glaubte wahrscheinlich, er sei ein lieber Junge!

Unbezähmbare Frauen
Schon gewusst …?
1 Dass auch Frauen an den Kreuzzügen teilnahmen, ist nur wenigen bekannt. Beim zweiten Kreuzzug ritten zahlreiche mutige Frauen mit – und das auch noch im Herrensitz. Der Historiker, der hiervon berichtete, war ziemlich schockiert! So viele tapfere Frauen gingen über seinen Verstand.
2 Viele Kreuzritter hatten ältere Frauen bei sich, die für zwei Din-

ge zuständig waren: das Wäschewaschen und das Entlausen ihres Herrn. In Letzterem sollen sie „besser als Affen" gewesen sein.

3 Beim dritten Kreuzzug nahmen Frauen an der Belagerung der Stadt Acre teil. Mit riesigen Messern gingen sie auf die Sarazenen los und brachten deren blutende Köpfe ins Lager zurück.

4 Die Frauen, die die Kreuzfahrer begleiteten, hatten für frisches Trinkwasser zu sorgen. Auch sie gingen ein großes Risiko ein, denn wenn ihr Heer besiegt wurde, wurden sie entweder versklavt oder getötet.

5 Im Ernstfall halfen die weiblichen Kreuzfahrerinnen auch bei der Verteidigung mit. Ein Historiker berichtet von einer Frau, die während der Errichtung eines Erdwalls von einem türkischen Speer getroffen wurde. Im Sterben bat sie darum, in dem Wall begraben zu werden. So wurde selbst ihr Leichnam ein Teil des Verteidigungswalls.

6 Die zu Hause gebliebenen Frauen mussten sich um Haus und Hof kümmern. Anfangs konnten sie verhindern, dass ihr Gatte in den Krieg zog – Ehegelöbnisse hatten einen hohen Stellenwert. Doch im 13. Jahrhundert verkündete Papst Innozenz III., ein heiliger Krieg sei wichtiger als ein Ehegelöbnis. Da konnte sich die Frau nicht mehr widersetzen.

7 Die Ehefrau in der Heimat wusste oft nicht, ob ihr Mann – falls er vermisst wurde – schon tot war oder noch lebte. War er tot, konnte sie wieder heiraten. Wenn nichts Genaues bekannt war, wurde eine bestimmte Frist eingeräumt. Manche Gerichte meinten, sie dürfe wieder heiraten, wenn ihr Mann über fünf Jahre als vermisst galt, andere hielten hundert Jahre für angebracht.
8 Die berühmteste weibliche Kämpferin war natürlich Jeanne d'Arc. Dieses französische Bauernmädchen hörte Stimmen, die ihr befahlen, eine Rüstung anzulegen und das französische Heer gegen die englischen Eindringlinge anzuführen. Nach anfänglichen Erfolgen fiel sie später jedoch in die Hände der Engländer.
9 Die Engländer brachten Kriegsgefangene nicht um – das wäre unfair gewesen. Deshalb sagten sie, Jeanne hätte die Stimme des Teufels gehört und wäre folglich keine Heilige, sondern eine Hexe. Und was machte man mit Hexen? Richtig, 1421 landete die Zwanzigjährige auf dem Scheiterhaufen.
10 Als Lady Knyvet in der Burg Buckingham in Norfolk 1461 angegriffen wurde, griff sie zu einem höchst ungewöhnlichen Mittel. Vom Turm aus rief sie den Angreifern zu: „Wenn ihr uns angreift, werden wir uns verteidigen. Ich ergebe mich nicht. Mein Mann übertrug mir die Verantwortung, und wenn ich die Burg verliere, bringt er mich ohnehin um!" Der Belagerer, Sir Gilbert von Debenham, gab auf und zog sich zurück.

Schon gewusst …?
Im Mittelalter wurden viele Schlachten von den Bogenschützen und nicht von den Rittern entschieden. Beide Seiten ließen zu Beginn der Schlacht ihre Pfeile durch die Luft schwirren. Ein guter Bogenschütze hatte bis zu sechs Pfeile gleichzeitig in der Luft!
Um die Pfeile schnell griffbereit zu haben, steckte man sie mit der Spitze nach unten vor sich in die Erde. Deshalb waren sie natürlich schmutzig, und wenn ein Getroffener nicht an der Wunde starb, dann oft wenige Tage später an Blutvergiftung. Für beide Seiten galt während eines Pfeilangriffs: „Bloß nicht nach oben schauen!"
Zuerst benutzten Bogenschützen Flugpfeile. Diese hatten lange Schäfte und flogen über 200 m weit. Wenn der Feind näher kam, griffen sie zu den kürzeren Geschosspfeilen, die mit ihrer Wucht eine Rüstung durchbohren konnten.
Der lausigste Job auf dem Schlachtfeld war der eines Apporteurs. Dies waren Fußsoldaten, die die intakt gebliebenen Pfeile wieder einsammeln mussten. Ziemlich gefährlich!

Arme Pferde

Der beste Freund eines Ritters war sein Pferd. Ein gutes schnelles Pferd war während einer Schlacht oder auf einem Turnier von großem Nutzen. Ein Pferd genügte da nicht. Das konnte bei einem Turnier schnell weg sein! Wer besiegt wurde, musste nämlich in der Regel Pferd und Rüstung hergeben.

Ein Ritter zu sein konnte aufregend, spannend und ehrenvoll

sein ... das Pferd eines Ritter zu sein war schlichtweg schrecklich! Wer bei einem Turnier ein Pferd verletzte, konnte zwar disqualifiziert werden, aber was nützte das dem armen Gaul, der gerade von einer Holzstange durchbohrt worden war?

Finde heraus, wer in deiner Klasse für Pferde schwärmt. Konfrontiere diese Personen mit folgenden schaurigen Fakten:

1 Manche Pferde wurden darauf trainiert, mit ihren Hufen und Zähnen zu kämpfen. Im Ernstfall war das natürlich von Nutzen. Doch leider griffen die Gäule bald auch ihren Besitzer und die Knappen an, die sie versorgen wollten!

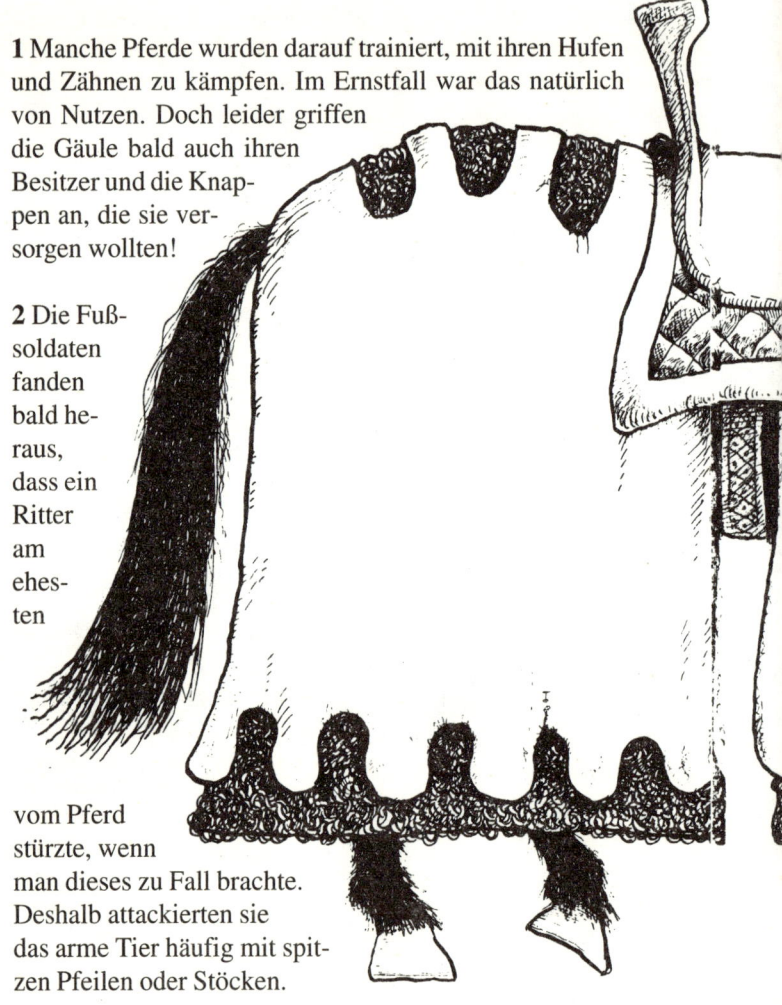

2 Die Fußsoldaten fanden bald heraus, dass ein Ritter am ehesten vom Pferd stürzte, wenn man dieses zu Fall brachte. Deshalb attackierten sie das arme Tier häufig mit spitzen Pfeilen oder Stöcken.

3 Die Angegriffenen warfen oft Fußangeln aus, spitze Metallsterne, die immer mit einer Spitze nach unten landeten. Wenn davon ein Pferd getroffen wurde, bäumte es sich vor Schmerzen auf und galoppierte davon.

4 Die Ritter begriffen rasch, dass auch ihre Pferde eine Rüstung brauchten. Der Ritter, seine Rüstung und die des Pferdes wogen natürlich eine Menge, und zudem sollte das Tier auch noch galoppieren. Keine leichte Aufgabe für die armen Schlachtrösser. Diese Pferde sahen übrigens so ähnlich aus wie die Pferde, mit denen man heutzutage auf die Fuchsjagd geht.

5 Der englische König Heinrich VIII. nahm in Frankreich am berühmten Turnier des Goldenen Vlieses teil, wo er unbedingt der Star sein wollte. Doch gleich am ersten Tag überforderte er sein bestes Pferd so sehr, dass es am Abend tot umfiel.

6 Pferde bekamen bei Turnieren von ungeschickten Rittern so manche Lanze in den Leib gerammt. Dafür verlor der Ritter zwar Punkte, das arme Tier jedoch sein Leben! Ein Pferd brach sich den Hals,

als es gegen den Sattel eines anderen Pferdes donnerte. Zum Schutz der Pferde errichtete man deshalb eine Absperrung zwischen den zwei Reitern, die aufeinander zupreschten. Diesen Schutz gab es aber leider nicht immer.

7 Bei einem Turnier im Jahre 1443 gab es keine Absperrung. Ritter mit großen Pferden ließen diese auf kleinere Pferde zustürmen, und bei dem Zusammenstoß unterlag das kleinere Pferd. Galiot von Baltasar ging sogar noch weiter: Sein Pferd hatte an der Vorderseite spitze Eisennägel unter dem Tuch versteckt. Jedes Pferd, das dagegen stieß, war wenig später Hundefutter![1]

8 Selbst ein totes Pferd konnte für das Heer noch von Nutzen sein. Der faulende Tierkadaver wurde per Katapult über die Mauern einer belagerten Burg geschleudert. Dort lockte er Fliegen an und war eine Brutstätte für Keime. Die Franzosen benutzten diese Strategie in der Burg Thin. (Heutzutage nennt man so etwas biologische Kriegsführung.) Natürlich katapultierte man kein frisches Pferdefleisch in eine belagerte Burg, sonst hätten die Burgbewohner „danke" gesagt und eine Pferdeburger-Orgie veranstaltet!

[1] *Der böse Galiot wurde zwar überführt, aber nicht mit einem Bann belegt. Er behauptete, in seinem Heimatland Spanien würde jeder mit Spikes am Pferd kämpfen. So ein Blödsinn!*

9 König Wilhelm II. füllte mit Pferdekadavern den Graben vor Burg Mayet auf, damit er seine Leitern aufstellen konnte. Das hört sich etwas krank an … aber anderen Berichten zufolge sollen auch ein paar Bauern zum Auffüllen des Grabens benutzt worden sein!

Die Belagerten reagierten ähnlich verrückt. Sie schleuderten einen großen Stein auf William, der ihn jedoch verfehlte und seinen Nebenmann tötete. „Ha!", riefen die Belagerten. „Jetzt hat der König endlich auch frisches Fleisch!"

10 König Richard Löwenherz jagte einem Gegner nach, als dieser sich plötzlich umwandte, um zu kämpfen. Es war kein Geringerer als der berühmt-berüchtigte William Marshal. Oh oh! Richard fiel ein, dass er vergessen hatte, seine Rüstung anzulegen. „Um Himmels willen", rief er. „Töte mich nicht! Ich bin unbewaffnet." Der faire Marshal wollte aber keinen Unbewaffneten töten … und tötete stattdessen Richards Pferd! Womit hatte der arme Gaul das verdient? Manchmal ist es ganz schön hart, ein Pferd zu sein!

Düstere Burgen

Mit Stock und Stein

Burg Rhein-Blick

Ein Querschnitt durch eine Burg darf in keinem Buch über Burgen fehlen. Das Innere einer Burg kann man von außen nicht sehen – selbst Supermans Röntgenaugen dringen nicht durch zwei bis drei Meter dicke Steinmauern. Also tut der Illustrator so, als wären die aufgeschnitten.

Doch zu solch billigen Tricks greift ein Buch wie dieses natürlich nicht. Deshalb schickten wir ein Abrissunternehmen los, das die Mauern niederriss. Außerdem engagierten wir einen Künstler, der den Blick ins Innere für euch verewigte!

Wir entschieden uns für die Rhein-Blick, zwei Kilometer westlich der rheinischen Stadt Koblenz ... na ja, zumindest stand sie früher dort. Offenbar gingen wir etwas zu großzügig vor, denn kurz nach unserem Besuch stürzte die ganze Anlage in sich zusammen! (Falls du je am Rhein bei Koblenz spazieren gehst, wirst du dort viele Steine finden ... mit großer Sicherheit die Überreste von Burg Rhein-Blick und somit der Beweis für ihre frühere Existenz!)

Schäbige Löcher

Das Leben in einer Burg war echt lustig. Viele der langweiligen Sachen, die wir heute haben, gab es noch nicht, aber andererseits waren die Burgen auch ziemlich schäbig. Es gab …

- ❖ KEINE doppelt verglasten Fenster … dafür aber jede Menge Zugluft. Fensterläden hielten die größte Kälte ab, nicht aber den Wind. Da halfen auch Teppiche an den Wänden nicht. Der Wind blies einem unsanft in den Nacken. Aber frag deine Eltern … lieber Zugluft als die Vertreter für doppelt verglaste Fenster.

- ❖ KEINE Toilette … nur eine Latrine. Dieses Kämmerchen befand sich meist auf einem Vorsprung in der Burgmauer, und die Exkremente plumpsten direkt in den Burggraben. (Die armen Enten!) Wenn man über der Öffnung im Boden saß, sorgte ein kühles Lüftchen von unten dafür, dass einem nicht zu heiß wurde. Außerdem konnte kein gemeiner Mitschüler deinen Kopf in die Kloschüssel halten und die Spülung betätigen.

- ❖ KEINE Elektroherde … nur Holzöfen und offenes Feuer. Fleisch wurde am Spieß über den Flammen gedreht, während das Fett in das prasselnde Feuer tropfte. Außen war das Fleisch meist etwas verbrannt, innen schön roh. Da ließen Lebensmittelvergiftungen natürlich nicht lange auf sich warten. Aber wenigstens gab es damals noch keinen Rinderwahn (und keinen Hähnchenwahn, Schweinewahn, Schafwahn oder Schokoladenpuddingwahn).

- ❖ KEINE Teppiche ... Die Böden waren mit Schilf bedeckt, das das herunterspritzende Fett aufsaugte. Man aß mit den Fingern und warf die Knochen den Hunden zu. Doch was vorne in den Hund hineinging, kam hinten auch wieder heraus. Deshalb musste man aufpassen, wohin man seine Füße setzte. Aber dafür pflegten die Mütter auch nicht zu rufen: „Putz deine Schuhe ab, ehe du hereinkommst." Viel eher musste man sie abputzen, ehe man hinausging.

- ❖ KEINE Betten ... nur der Burgherr besaß eines. Bauern wie du und ich schliefen auf dem Boden, auf Heu oder Stroh. Das stank und war voller Flöhe, aber du auch, also machte es nichts. Gewärmt hat man sich mit Tierhäuten oder Decken. Und niemand ermahnte einen, endlich sein Bett zu machen.

❖ KEIN Badezimmer … Im Sommer badete man ab und zu im Fluss, um die Läuse und Flöhe wegzuwaschen. Besonders pingelige Leute badeten ab und zu in einer Wanne mit warmem Wasser. Aber es gab keine peniblen Eltern, die ihre Sprösslinge mit der Frage quälten, ob sie sich auch hinter den Ohren gewaschen haben. (Frag sie doch endlich mal, warum sie das tun. Das sieht doch sowieso kein Mensch!)

Bedeutende Burg-Bewohner
Der Burgherr und die Burgherrin

Der Burgvogt

Hallo, Leute! Ich verwalte die Burg, wenn Seine Lordschaft in den Kampf zieht. Besonders wichtig ist die Verteidigung, wenn die nicht steht, nützt die stabilste Mauer nichts, ha ha!

Der Hofnarr

Wenn ich doppelt so schlau wäre, wie ich bin, wäre ich immer noch ein halber Dummkopf. Ich kenne die tollsten Scherze und Witze, zum Beispiel: Warum hat das Küken keine Nase …

Der Mundschenk

Mein Leben besteht aus Flaschen, nichts als Flaschen. Ich sorge für die passenden Getränke für Seine Lordschaft. Ein ssehr sssswerer Shob! Ich muss kosssten und kossten …

Der Hufschmied

Ich beschlage die Pferde und kümmere mich um sie, wenn sie krank sind. Mein Leben besteht aus den zwei großen H: Huf und Hammer.

Der Kerkerinsasse

Mich haben sie ins Verlies gesteckt und nennen mich „Oubliette". Das ist französisch und bedeutet, dass ich ein Vergessener bin, ein Gefangener. Warum? Keine Ahnung, hab ich vergessen …

Der Wachsoldat

Mann, ich habe den wichtigsten Job von allen und werde am lausigsten bezahlt. Außerdem nennen mich alle „Krähen-Kalle". Ist das nicht zum Haareraufen?

Der Latrinenknecht

> Ich reinige die Jauchegrube und schufte Tag und Nacht. Aber kein Mensch weiß es zu würdigen. Und keiner will mir die Hand schütteln!

Die Burgkatze

> Ich bin immer auf der Suche nach den berüchtigten Burgratten. Die meisten Menschen mögen mich, aber einer der fahrenden Pelzhändler schaut mich immer so komisch an. Da wird mir ganz anders!

Schon gewusst …?
Wenn man ein Schwein vor dem Schlachten erschreckt, wird das Fleisch zäh. Zartes Fleisch hat nur ein glückliches Schwein. Deshalb sorgte der Burgmetzger dafür, dass das Schwein lächelte, ehe er ihm mit einem Hammer auf den Kopf schlug, noch ehe es begriffen hatte, dass es gleich zu Wurst verarbeitet würde!

Okay, manchen Leuten geht es im Leben immer etwas besser als anderen, aber den unangenehmsten Job hatte mit Sicherheit der Latrinenknecht. Niemand hatte es so richtig schön in diesen zugigen, ungemütlichen Burgen. Allerdings gab es in jeder Burg etwas, das in unseren modernen Häusern leider fehlt. Es gab …

Karge Kerker

Stell dir vor, du hast einen eigenen Kerker, eine Art Spielzimmer der Hölle. Darin steht kein Spielzeug, sondern allerhand Folterinstrumente aus dem Mittelalter. Lade deinen Geschichtslehrer zu einer Demonstration ein. Geschichtslehrer sind verrückt auf „erlebte Geschichte", damit ihre Schüler hautnah miterleben, wie es in der Vergangenheit zuging. Sie machen mit ihrer Klasse einen Ausflug zu irgendeiner historischen Stätte, wo die Schüler sich als Wikinger/Teutonen/Germanen/Römer/Schimpansen oder so fühlen können. Klingt wahrscheinlich gut, wenn sie dem Kultusministerium schreiben: Klasse 7 C besuchte die Römersiedlung Borinigum und lebte drei Tage in der Sklaverei. Dabei ist es bei solchen Ausflügen immer kalt, das Essen schmeckt grässlich, die Klamotten kratzen, und man macht langweilige Sachen wie Töpfern oder im Küchengarten an Kräutern schnuppern. Deshalb sollte dein Lehrer sich freuen, wenn er einen Tag lang „erlebte" Geschichte in einem Verlies oder einer Folterkammer erfahren kann.

Ein Opfer beschrieb seine Erlebnisse in der Folterkammer im Tower von London. Es war der Priester John Gerard, dem 1597 vorgeworfen wurde, unerlaubte katholische Messen abgehalten zu haben:

In einer feierlichen Prozession gingen wir zur Folterkammer. Die Wachen gingen mit brennenden Kerzen voraus. Der Raum lag unter der Erde und war sehr dunkel, besonders im Eingangsbereich. In diesem großen düsteren Raum befand sich jedes Folterinstrument, das man sich nur denken kann. Man führte sie mir vor und drohte damit, sie an mir auszuprobieren. Dann fragte man mich erneut, ob ich nicht doch gestehen wolle. Ich antwortete ...

Was hättest du geantwortet? Und was hat John Gerard wohl geantwortet?

Antwort: John Gerard sagte: „Ich kann nichts gestehen." Deshalb wurde er gefoltert, kam jedoch mit dem Leben davon.

Furchtbare Folter

Der Kerker im Tower von London war bekannt als das „letzte Loch". Er lag tief unter der Erde, und immer wenn die Flut kam, wurde der Fußboden überschwemmt und die Ratten flohen in alle Richtungen, um keine nassen Füße zu bekommen. Die Gefangenen hingegen bekamen nasse Füße. Aber das war ihre geringste Sorge!

13 Jahre vor Gerards Einkerkerung im Tower von London hat-

te der Sekretär von Königin Elizabeth I., Sir Thomas Smith, geschrieben:

> *Folter, mit der in anderen Ländern die Menschen zu einem Geständnis gezwungen werden, ist in England nicht üblich. Unser Land verabscheut Töten und Blutvergießen. Deshalb lehnen wir Schläge, Sklaverei und grausame Strafen ab.*

Sir Thomas war entweder a) ziemlich dumm oder b) ein Lügner.

1 Die Bank

Funktionsweise: Hände und Füße des Opfers wurden oben und unten an die Rollen eines Holzgestells gebunden. Dann drehte man die Rollen in entgegengesetzte Richtungen, wodurch der Gefangene gestreckt wurde.

Fiese Fakten: Ein gewisser Guy Fawkes gab nach langem Widerstand schließlich auf. Allerdings konnte er sein Geständnis nicht unterschreiben, weil er seine Arme nicht mehr benutzen konnte. Da der Herzog von Exeter die erste Streckbank in den Tower gebracht hatte, gab man ihr den Spitznamen „Tochter des Herzogs von Exeter". Wenn jemand darauf gefoltert wurde, sagte man „er heirate die Tochter des Herzogs von Exeter".

Anmerkung: Unter der Regierungszeit der Tudors war Thomas Norton Folterknecht. Er nahm sich unter anderen den Priester Alexander Bryan vor. Prahlerisch sagte er: „Dank mir war er hinterher 30 Zentimeter länger, als Gott ihn erschaffen hatte."

2 Spanische Stiefel

Funktionsweise: Der Fuß des Gefangenen wurde zwischen zwei schwere Holzstücke gestellt. Dann wurden mit dem Hammer Keile zwischen Bein und Holzstück getrieben, sodass das Bein langsam zerquetscht wurde.

Fiese Fakten: Um 1590 wurden die Spanischen Stiefel oft vermeintlichen Hexern und Hexen angelegt. Thomas Papley musste elf Tage und Nächte darin ausharren, nackt und in einer eiskalten Zelle. Als hätte das noch nicht gereicht, wurde er auch noch mit Birkenruten ausgepeitscht.

Anmerkung: König James II. war ein extrem grausamer Mann, wie Bischof Burnet berichtete: Wenn einem Mann die Spanischen Stiefel angelegt wurden, dann vor dem versammelten Rat. Die meisten Räte wären am liebsten weggelaufen, ganz im Gegensatz zu James. Er schaute immer sehr interessiert zu, als verfolge er ein Experiment. Wer seinen Gesichtsausdruck sah, wusste, dass James ein Mann ohne das geringste Mitgefühl war.

3 Skeffingtons Reifen

Funktionsweise: Es handelte sich um einen Eisenreifen aus zwei Hälften, die durch ein Scharnier verbunden waren. Der Gefangene, dessen Hände auf dem Rücken gefesselt waren, kniete sich in die eine Hälfte, und der Folterknecht schloss den Reifen. So wurde der Gefangene zu einem Ball gequetscht.

Fiese Fakten: Während der Regierungszeit von Heinrich VIII.

war Leonard Skeffington Befehlshaber im Tower. Das von ihm erfundene Foltergerät konnte in die Zelle gebracht und dort eingesetzt werden. Das ersparte dem Opfer den Weg in die Folterkammer.

Anmerkung: Anno 1580 wurde Thomas Coteham in einem solchen Reifen zerquetscht. Ein Augenzeuge berichtete: Er blutete recht stark aus der Nase.

4 Hängefolter
Funktionsweise: Der Gefangene stand auf Brettern. Seine Hände wurden in Handschellen an einem Balken über seinem Kopf festgebunden. Dann wurde ein Brett nach dem anderen weggenommen, bis er auf Zehenspitzen stand und schließlich über dem Boden hing.

Fiese Fakten: Einmal wurde ein Priester auf die Bretter gestellt und an den Balken gebunden. Der Folterknecht nahm ein Brett nach dem anderen weg. Doch der Priester war so groß, dass er immer noch den Boden berührte! Der Folterknecht musste eine Vertiefung in den Fußboden graben, damit der Priester endlich in der Luft hing. Nach einer halbe Stunde waren die Arme des Priesters so geschwollen, dass er nicht mehr essen konnte. Man musste ihn füttern wie ein Kleinkind.

Anmerkung: Der Folterknecht Richard Topcliffe hatte es besonders auf katholische Priester abgesehen. Er griff mit Vorliebe zur Hängefolter, um die Priester dazu zu bringen, ihrem Glauben abzuschwören. 1586 berichtete ein Augenzeuge: Nur ein Mann wie Topcliffe konnte einen Menschen ein zweites Mal quälen, nachdem er auf der Folterbank schon gestanden und sogar seinen Glauben verleugnet hatte.

5 Daumenschrauben
Funktionsweise: Man legte die Daumen des Opfers zwischen zwei Metallplatten und schraubte diese dann langsam zusammen, sodass die Fingerspitzen zerquetscht wurden.

Fiese Fakten: Daumenschrauben wurden anfangs als eine Art Handschellen benutzt. Gefangene wurden mit einem Seil an den Metallplatten herumgeführt. Erst später kam man auf die Idee, die Platten zusammenzuquetschen.

Anmerkung: In einem Bericht von 1683 wird eine missglückte Folter mit Daumenschrauben beschrieben: *William Carstares erlitt eine volle Stunde lang den Druck der Daumenschrauben, die so stark zusammengepresst waren, dass man sie nicht mehr lösen konnte. Ein Schmied wurde geholt, der die Schrauben schließlich aufschraubte.*

Kitzeltortur

Es kann natürlich sein, dass euer Lehrer keine dieser Foltermethoden mag und beschließt, euch statt „erlebter Geschichte" lieber wieder in einem zugigen, kalten Burghof mit Töpferarbeiten zu beschäftigen. Aber vielleicht lässt er sich wenigstens zu dieser netten französischen Foltermethode überreden. Ihr braucht nur Holzbretter und eine Ziege. Richtig, Bretter und eine Ziege ... keine Fliege!

Die Füße des Opfers werden durch zwei Öffnungen eines großen Holzbretts gesteckt, sodass es sie nicht mehr bewegen kann. Dann wird eine Ziege in die Zelle gebracht. Ziegen lieben Salz. Deshalb wird sie bald damit beginnen, die Füße des Opfers abzulecken. Wenn das Salz abgeleckt ist, wird Salzwasser über die Füße geschüttet ... bis das gekitzelte Opfer um Gnade bettelt. Bitte beachten: Habt Erbarmen mit der armen Ziege und nehmt keinen Lehrer mit Käsefüßen!

Turm des Grauens

Die grausamste Hinrichtung im Tower von London war vermutlich die eines Bären. Das Tier hatte ein junges Mädchen getötet und wurde deshalb zum Tode verurteilt. Natürlich hätte man ihn schnell und schmerzlos töten können, aber der Scharfrichter machte eine Art Sport daraus. Er ließ einige der Löwen des Towers in den Käfig des Bären. Doch die Löwen trauten sich nicht, den Bären anzugreifen. Schließlich wurden wilde Hunde auf den Bären gehetzt. Wer war hier unmenschlich? Der Bär ... oder der Scharfrichter?

Angeblich sah im Januar 1816 der Wachsoldat des Schatzhauses im Tower einen dunklen Schatten auf der Treppe auf sich zukommen. Beim Näherkommen erkannte er, dass es ein Bär war! Er stürzte sich mit seinem Bajonett auf ihn, doch die Waffe drang durch das Tier wie durch Eischale. Der Hüter der Kronjuwelen, Mr Swifte, hielt den Soldaten für zuverlässig und glaubwürdig. Nach dem Anblick des Phantombären wurde der Soldat krank und starb zwei Tage später. Hatte der Bär sich erst nach 500 Jahren gerächt?

Brauchbare Burgen

Stell dir vor, du bist Wilhelm der Eroberer. Da die Normannen die besten Burgenbauer von ganz Europa sind, kennst du dich bestens mit Burgen aus. Du baust eine Erdhügelburg (auch Motte genannt). Dazu schüttest du einen Erdhügel auf und schützt das Ganze mit einem hohen Holzzaun.

Okay, aber nun planst du, England zu überfallen und König Harold anzugreifen. Doch was wirst du nach dem Sieg machen, wenn du dich in einem fremden Land befindest, umgeben von Engländern, die dir am liebsten den Hals umdrehen würden? Du brauchst ganz dringend eine sichere Burg. Und zwar besser heute als morgen!

Da hast du eine Idee, eine ziemlich verrückte Idee, aber sie könnte funktionieren. Welche Idee ist es?

> *Antwort:* Nimm eine Burg mit! Wilhelm ließ schon in der Normandie eine Art Selfmade-Burg in Einzelteilen bauen und diese in Hastings zusammensetzen. Erstaunlich, aber wahr!

Burgen-Quiz

Lehrer wissen auch nicht alles. Sie glauben es nur. Also, schnapp dir einen Lehrer und teste seine Gehirnzellen (alle beide!) mit diesem genialen Burgen-Quiz ...

1 Die ersten Burgen hatten Mauern aus Holzpfählen, die oben angespitzt waren. Allerdings wurden solche Burgen häufig in Brand gesetzt. Wie versuchten die Burgbewohner, diese Brände zu verhindern?
a) Durch ausgebildete Feuerwehrleute.
b) Man löschte das Feuer mit dem Inhalt der Nachttöpfe.
c) Die Mauern waren mit Lederhäuten überzogen.

2 Burgmauern waren außen mit Vorsprüngen versehen, auf die die Burgwachen kletterten, um den Angreifern etwas auf die Köpfe zu schütten. Was war das normalerweise?
a) Siedendes Öl.

b) Wasser.
c) Benzin.

3 Angreifer und Verteidiger hatten Katapulte, mit denen sie sich gegenseitig mit großen Steinen bewarfen. Ein Seil wurde verdreht, wie Gummi gedehnt und dann losgelassen. Allerdings gab es im Mittelalter noch kein Gummi. Woraus bestanden diese Seile also?
a) Aus menschlichem Haar.
b) Aus Katzendärmen.
c) Aus Kuhschwänzen.

4 Die Burgtoilette war bekannt als „Garderobe", weil hier Roben aufbewahrt und genäht wurden. Doch warum hielt man ausgerechnet die Toilette für einen guten Aufbewahrungsort für Kleidung?
a) Weil dieser Raum kleiner und wärmer war als das Schlafzimmer.
b) Die Kleidungsstücke an der Wand hielten die Zugluft ab.
c) Der Geruch schreckte Motten ab.

5 Der französische Begriff *malvoisin* bedeutet „böser Nachbar". Doch was bedeutete er bei einer Burgbelagerung?
a) So nannte man einen Ritter, der in der Nähe der Burg wohnte, oft zu Besuch kam und alle Geheimgänge kannte. Er war ein „böser Nachbar", wenn er sie dem Feind verriet.

b) Es handelte sich um einen Holzturm, der an die Burgmauern geschoben und so zu einem „Nachbar-Turm" wurde. Dann kletterten die darin versteckten Männer heraus und griffen an.

c) Damit war ein wilder Stier gemeint, der jeden angriff, der sich der Burg näherte. Wenn der Feind an den Burgmauern angekommen war, ließ man die Malvoisin-Stiere los, die die unerwünschten Nachbarn verjagten.

6 Welchen Sinn hatte eine Schildkröte beim Burgangriff?

a) Schildkröten wurden in die Burggärten geworfen, wo sie alles Grünzeug wegfraßen, sodass die Burgbewohner noch schneller verhungerten.

b) „Schildkröte" nannte man den „Panzer", den Angreifer auf dem Rücken trugen, wenn sie versuchten, einen Gang unter die Burgmauer zu graben.

c) Aus Schildkrötenpanzern wurden Pfeilspitzen angefertigt. Ein Panzer ergab bis zu 24 Pfeilspitzen, und zudem konnte man das Innere aufessen.

7 Mit Katapulten wurden Steine über die Mauer geschleudert und Pferdekadaver, die Krankheiten verbreiten sollten. Was wurde sonst noch geworfen?
a) Menschliche Köpfe, um Panik zu verbreiten.
b) Wilde Tiere, die die Burgbewohner angreifen sollten.
c) Vergifteter Wein, der die Burgbewohner umbringen sollte.

8 Ein reicher Ritter besaß mehr als eine Burg. Er konnte von einer zur anderen ziehen und in jeder ein paar Monate wohnen. Wie verhinderte er, dass die Burgen während seiner Abwesenheit ausgeplündert wurden?
a) Er ließ in jeder Burg einen bewaffneten Wächter zurück.
b) Die Bauern des benachbarten Dorfes mussten auf die Burg aufpassen; wenn etwas gestohlen wurde, wurden sie bestraft.
c) Er hatte nur ein Set an Möbeln und Küchengeschirr. Das führte er immer mit sich.

9 In einigen Burgen gab es spezielle Fallen für Eindringlinge. Wie funktionierten die?
a) Ein Loch im Boden öffnete sich, und der Eindringling plumpste direkt ins Verlies.
b) Ein Loch in der Zugbrücke öffnete sich, und er fiel in den Burggraben.
c) Der Toilettensitz klappte zusammen, und er plumpste direkt in die Jauchegrube.

10 Ein Rammbock konnte große Schäden an einer Burgmauer anrichten. Wenn man die Stöße nicht verhindern konnte, was tat man dann, um sie wenigstens zu mildern?
a) Man warf eine Ladung Holzwürmer auf die Spitze des Rammbocks. Die fraßen das Holz auf, und es zerbröselte.
b) Man ließ einen Strohballen hinunter, der die Stöße dämpfte.
c) Man ließ Seile hinunter und versuchte, die Spitze des Rammbocks damit hochzuziehen.

Antworten: Na, wie haben deine genervten Eltern oder dein Lehrer abgeschnitten? Hier die richtigen Antworten sowie ein paar schlaue Kommentare zu falschen Antworten.
1c) In frühen Burgen hängte man Lederlappen über die Mauern. Tolle Idee, aber leider recht nutzlos. Die Angreifer entdeckten, dass man dieses Leder über die Burgspitzen werfen und so leichter darüber klettern konnte.
2b) Wasser. Richtig, die meisten glauben, man habe siedendes Öl über die Angreifer geschüttet, aber das ist höchst unwahrscheinlich. Öl war sehr selten und zudem sehr teuer. Die Verteidiger verwendeten Wasser – heißes oder kaltes. Damit konnte man auch ein Feuer löschen, das die Angreifer am Fuße der Burgmauern gelegt hatten. Ätzkalk war ebenfalls sehr beliebt. Er verletzte Augen und Schleimhäute und brannte höllisch auf der Haut.

3a) Menschliches, zu einem Seil geflochtenes Haar ist sehr elastisch. Langhaarige Frauen waren im Verteidigungsfalle nützlicher als kahlköpfige Ritter. Ganz klar, dass man jedem toten Mann die Haare abschnitt, ehe man ihn begrub!

4c) Abstoßend, aber wahr! Wenn man seine Kleidung aus der „Garderobe" holte und anzog, stank man natürlich ganz fürchterlich. Aber da man ohnehin nicht viel von Körperhygiene hielt, fiel das nicht weiter auf. Deine Kleider stanken vielleicht nach Toilette, aber du stankst noch schlimmer!

5b) Die Malvoisin-Türme waren aus Holz und mit Tierhäuten überzogen. Diese wurden angefeuchtet, damit die Verteidiger sie nicht in Brand setzen konnten.

6b) Die Römer benutzten den Begriff testudo (wörtlich: Schildkröte) für das Schutzschild auf dem Rücken der angreifenden Soldaten. Die Soldaten des Mittelalters hatten vermutlich noch nie eine Schildkröte gesehen (und erst recht keine gegessen), aber der Ausdruck war noch gebräuchlich.

7a) Köpfe der gefangenen Burgbewohner natürlich. Du würdest schließlich auch nicht deine eigenen Leute abschlachten! Zuweilen warf man auch ganze Bienenkörbe über die Mauern (das wird die „Leckermäuler" gefreut haben!).

8c) Der Herzog von Northumberland zog um 1500 dreimal pro Jahr um. In einem Zug von 18 Karren nahm er Betten, Tische, Stühle und Küchengeräte mit. (Manche Leute schlafen eben nicht gern in fremden Betten!)

9a) Sei also grundsätzlich auf der Hut, wenn ein Ritter zu dir sagt: „Warum kommst du nicht mal auf einen Sprung bei mir vorbei?"

10b) Die Idee war zwar nicht schlecht, kann die Angreifer aber nicht lange abgehalten haben ... außer wenn sie sehr müde waren, dann war es wirklich der rettende Strohhalm!

Beunruhigende Burgen

Burgruinen können ganz schön gruselig sein. Vielleicht, weil die Geister der hier Verstorbenen noch herumspuken. Die meisten tödlichen Zwischenfälle in Burgen gab es zwischen 1135 und 1154, als König Stephen und Kaiserin Matilda um den englischen Thron stritten.

Die ersten Normannenkönige hatten darauf geachtet, dass die Edelleute keine zu starken Burgen bauten, sonst wären sie irgendwann mächtiger geworden als der König. Doch während des Krieges zwischen dem letzten Normannenkönig Stephen und seiner Rivalin, Königin Matilda, taten die Barone mehr oder weniger, worauf sie Lust hatten. Plötzlich sprossen überall neue Burgen aus dem Erdboden – wie Pilze in einem feuchten Keller. (Der nächste König, Heinrich II., ließ an die 1100 illegale Burgen wieder abreißen.)

Die *Angelsächsischen Nachrichten* jener Zeit berichten, dass während des neunzehnjährigen Krieges unter König Stephen die abschreckendsten Burgen gebaut wurden. Es waren nicht nur die Heimstätten der Ritter – sondern Orte des Terrors und der Folter ...

> *Jeder mächtige Mann baute eine Burg und verteidigte sie gegen König Stephen. Das ganze Land war mit Burgen übersät. Das einfache Volk litt unter dieser vielen Arbeit. Sobald eine Burg fertig war, zogen Teufel und Bösewichte ein und begannen sogleich, alle möglichen Leute gefangen zu nehmen, die sie für wohlhabend hielten. Sie unterzogen sie schrecklichen Foltern, um an ihr Gold und Silber zu kommen. Die Gefangenen erlitten Schreckliches. Man legte ihnen geknüpfte Seile um die Köpfe und zog so stark zu, bis das Gehirn heraustropfte. Man steckte sie in Verliese mit Nattern, Schlangen und Kröten. Einige legte man in Folterkisten, die kurz und flach waren. Dann tat man spitze Steine hinein, und der Deckel wurde mit Gewalt zugedrückt, bis dem Opfer sämtliche Knochen gebrochen waren. Abertausende erlitten den Hungertod.*

Wenn ihr also das nächste Mal einen langweiligen Schulausflug zu einer Burgruine macht, unterhalte deine Schulkameraden und Lehrer mit schaurigen Geschichten über Folter und Terror. (Aber achte darauf, dass sie nicht zu nah bei dir stehen, wenn ihnen schlecht wird.)

Das tote Burgfräulein
Vielleicht liegt es an den alten Steinen. Vielleicht ist es auch nur Einbildung. Aber in einigen Burgruinen stehen einem sämtliche Haare zu Berge. Wenn man innerhalb der verfallenen Mauern

steht, läuft einem die Angst wie eine Nacktschnecke über den Rücken. Über einige Orte sind schreckliche Gerüchte im Umlauf. Geschichten wie die vom Gespenst der Burg Berry Pomeroy im englischen Devon ...

Doktor Farquhar stieg aus seiner Kutsche und schritt über den Kiesweg zum Portal, neben dem ein verrosteter Eisenring hing. Als er daran zog, ertönte tief im Inneren des Turms eine Glocke.

Quietschend öffnete sich wenig später die Tür, und ein alter Mann mit ausdruckslosen Augen stand vor dem jungen Arzt. „Vielen Dank, dass Sie um diese Zeit kommen konnten, Doktor", ächzte er mit einer Stimme, so dünn wie der Ostwind.
„Stets zu Diensten, Mr Harris", erwiderte der Arzt, während er

die düstere, von Kerzen beleuchtete Halle betrat und seinen Hut abnahm.

Die Schritte der beiden Männer hallten von den dunklen Eichenpaneelen der Wände wider, während sie durch die Halle schritten und die breite Treppe hinaufgingen. „Es bedarf sicher eines ganzen Heers von Dienstboten, um diese Burg sauber zu halten", sagte Doktor Farquhar, um das bedrückende Schweigen zu brechen.

Der alte Mann musste sich an dem kalten Steingeländer festhalten, als er langsam die Treppe hinaufstieg.

„Ein paar Mädchen aus dem Dorf kommen jeden Morgen", sagte er mit krächzender Stimme. „Aber keine von ihnen bleibt über Nacht."

„Na ja, es ist etwas feucht hier um diese Jahreszeit", antwortete der Arzt nickend.

„Es ist nicht die Kälte, die sie abschreckt", flüsterte der alte Burgverwalter, ohne jedoch eine weitere Erklärung abzugeben.

„Und die Kälte tut Ihrer Frau natürlich auch nicht gut", sagte der junge Arzt. „Kein Wunder, dass Seine Lordschaft es vorzieht, den Winter in Südfrankreich zu verbringen."

Der alte Mann beugte nur sein weißes Haupt, ehe er die Tür zu einem düsteren Schlafzimmer aufstieß, das nur schwach vom Schein des Kaminfeuers erhellt wurde. „Ich lasse Sie jetzt allein mit ihr, Herr Doktor", sagte er, ehe er die Tür wieder hinter sich schloss.

Etwa eine halbe Stunde später verließ der Arzt das Krankenzimmer wieder und ging langsam die Treppe hinunter. „Es geht ihr nicht allzu schlecht", sagte er zu Harris, der in der Halle auf ihn gewartet hatte. „Sie hat das Schlimmste überstanden und müsste in ein paar Tagen wieder auf den Beinen sein. Aber es war richtig, dass Sie mich kommen ließen. Ich habe ihr ein Schlafmittel gegeben und werde morgen früh gleich wieder nach ihr sehen."

Als der junge Arzt zu seiner Kutsche ging, jagten düstere Wolken am Mond vorbei. Er wickelte sich noch fester in seinen dicken Mantel, weil ein eisiger Windhauch ihn plötzlich erschauern ließ.

Am nächsten Morgen bei Tageslicht sah die Burg gleich etwas einladender aus. Eine apfelbäckige junge Frau öffnete dem Arzt die Tür und sagte: „Würden Sie bitte in der Bibliothek warten, Sir? Mr Harris ist gerade bei den Gärtnern."

Doktor Farquhar betrat einen von der Morgensonne durchfluteten Raum. An allen vier Wänden standen Regale mit vielen alten, ledergebundenen Büchern. In einer Ecke führte eine Treppe nach oben zu einem anderen Raum. Der Arzt setzte sich auf einen Sessel und nahm ein Buch in die Hand, das auf dem Tischchen neben ihm lag.

Er war so ins Lesen vertieft, dass er nicht hörte, als jemand die Tür öffnete. Doch plötzlich bemerkte er aus den Augenwinkeln eine Bewegung. Als er aufblickte, sah er eine Frau. Er war kein Fachmann in Sachen Kleidung, doch er schätzte, dass ihr langes Kleid vor über 300 Jahre in Mode gewesen sein musste. Rasch erhob er sich und sagte höflich: „Guten Morgen."

Die Frau schien ihn nicht wahrzunehmen. Nur das Rascheln ihres Seidenkleids war zu hören, als sie schweigend weiterging. Sie erreichte das untere Ende der Treppe und ging hinauf, noch im-

mer ohne den Arzt zu bemerken. Oben angekommen, wandte sie sich um, und ein Lichtschein fiel durch das schmale Fenster auf ihr wunderschönes Gesicht. Doktor Farquhar erschrak, als er sah, dass dieses Gesicht von Kummer und Leid gezeichnet war.

„Kann ich …", begann er, doch da war sie auch schon durch die schmale Tür verschwunden. Der Arzt nahm mit wackligen Knien wieder Platz und fuhr mit der Zunge über seine trockenen Lippen.

Da trat der alte Burgverwalter ins Zimmer. „Alles in Ordnung, Herr Doktor? Sie sehen etwas blass aus."

„Eine Party", stammelte der junge Arzt. „Findet hier ein Kostümball statt?"

„Nein", antwortete Harris verwundert. „Seine Lordschaft hat seit Jahren kein Fest mehr auf Berry Pomeroy gegeben."

„Und wer war die Frau eben mit dem altmodischen Kleid?", fragte der Arzt kopfschüttelnd. „Sie sah so leidend aus."

Da wurde das Gesicht des alten Mannes aschfahl. Er ließ sich auf den Sessel gegenüber sinken. „Sie haben die Erscheinung gesehen, Herr Doktor. Oh, meine arme Isabel."

„Isabel? Ihre Frau? Nein, das war nicht Ihre Frau, die ich sah."

Die Augen des alten Mannes füllten sich mit Tränen. „Sie wird sterben. Sie haben einen Geist gesehen, eine Frau, die in dieser Burg umgeht. Sie führte so ein schändliches Leben, dass sie dazu verdammt ist, für ewig hier zu spuken. Sie starb vor über 400 Jahren.

„Aber das hat doch nichts mit Ihrer Frau zu tun", versuchte der Arzt, ihn zu beruhigen.

Der alte Harris wischte sich die Tränen ab und blickte den Doktor betrübt an. „Sie zeigt sich nur, wenn es einen Todesfall in der Burg gibt", erklärte er.

Doktor Farquhar sprang auf und eilte zur Tür. „Ihrer Frau geht es schon besser!", rief er, riss die Tür auf und eilte durch die Halle. „Sie ist nicht in Gefahr!", rief er noch über die Schulter zurück, während er schon die Treppen hinaufeilte.

Polternd stürmte er in das Schlafzimmer der Kranken. Diese lag friedlich in ihren Kissen. Der Arzt berührte die eisige Hand. Nichts rührte sich im Zimmer. Doch der Doktor schwor, dass er das Rascheln eines Seidenkleids gehört hatte.

Gespensterführer

Die Briten fahren nicht nur auf der falschen Seite und glauben an Ungeheuer in ihren Seen, bei ihnen gibt es auch einige der unheimlichsten Burgen in Europa …

Burg Berkeley, Gloucestershire

König Edward II. wurde nach seiner Gefangennahme hier in diesem Raum eingekerkert. Da die Schuldigen nicht des Mordes bezichtigt werden wollten, legten sie es darauf an, dass er sich eine tödliche Krankheit holte. Sie ließen das Abwasser der Burg durch den Raum fließen, doch ohne den gewünschten Erfolg. Deshalb bohrten seine Wächter eines Nachts einen glühenden Schürhaken durch seinen Körper und zwar von hinten, damit man die Wunde nicht sah. In manchen Nächten sind Edwards Schreie noch heute zu hören …

AUUUU!

Burg Pontefract, West Yorkshire

In diesem Raum starb Richard II., doch wie – das wissen nur seine Mörder. Einige behaupten, dass er beim Abendessen saß, als ein Ritter und sieben Männer mit Äxten hereinstürmten. Richard wehrte sich so mannhaft, dass vier von ihnen starben. Die anderen flohen. Anschließend sollen sie den Raum verriegelt haben, sodass der König verhungerte. Wenn Sie hier einen Geist sehen sollten, haben Sie ein Einsehen und geben Sie dem armen Kerl ein Stückchen Schokolade.

Tower von London

Hier, am Fuße dieser Treppe, fand man zwei Skelette. Es ist anzunehmen, dass es sich um die des 12-jährigen Edward und seines 9-jährigen Bruders Richard handelt. Die beiden verschwanden spurlos, nachdem ihr Onkel, Richard III., 1483 König geworden war. Die Jungen wurden im Schlaf erstickt und hier verscharrt, damit sie ihm später den Thron nicht streitig machen konnten. In manchen Nächten hört man noch ihr fröhliches Lachen, wenn sie miteinander spielen.

Burg Hylton, Tyne & Wear

Weil er ihm sein Pferd nicht schnell genug gebracht hatte, wurde der Stallknecht Roger Skelton hier in der Burg von Lord Robert Hilton 1609 getötet. Er spießte den jungen Mann auf eine Heugabel und warf den leblosen Körper dann in den Burggraben. Lord Hilton wurde freigesprochen – der Richter war auch ein Ritter, weshalb der Geist des armen Rogers noch heute durch die Burg spukt. Dabei soll er wimmern: „Mir ist kalt! Mir ist so kalt!"

Burg Arundel, Sussex

In dieser Burg leben seit 1580 die Herzöge von Norfolk, aber die Burg selbst ist um einiges älter. Kurz bevor ein Herzog stirbt, ist immer ein geisterhafter weißer Vogel zu sehen. Außerdem erscheint eine weiß gekleidete junge Frau, die sich von einem der Türme wirft. Das soll sie angeblich vor hunderten von Jahren getan haben, als ihr Geliebter sie verließ. Was Sie im Moment hören, ist kein Donner ... es ist das gespenstische Nachhallen der Kanonenschläge, die diese Mauern 1648 erbeben ließen.

Burg Cortachy, Schottland

Irgendwann im Mittelalter soll eines Abends ein Bote hier in der Burg aufgetaucht sein und schlechte Nachrichten überbracht haben. Die Familie Ogilvy, die damals hier lebte, stopfte ihn in seine eigene Trommel und warf ihn über die Zinnen. Während er zu Tode stürzte, verfluchte er sie und schwor, die Familie für immer zu verfolgen. Deshalb ist jedes Mal ein geisterhaftes Trommeln zu hören, bevor einer der Ogilvys stirbt ...

Burg Glamis, Schottland

> Es gibt keine Burg auf der Welt, in der es mehr spukt als hier! Eines Tages kam der Teufel persönlich vorbei und gewann in einem Würfelspiel die Seele des Grafen von Strathmore. Die Würfel kann man noch heute in manchen Nächten klappern hören. Lord James Douglas' Geist wandert ruhelos durch die Räume, weil seine Frau ihn vergiftete. Später wurde sie auf dem Scheiterhaufen verbrannt, weil sie versucht hatte, König James V. von Schottland zu vergiften. Sie spukt als eine in Flammen gehüllte Gestalt herum. Außerdem haben wir eine Frau ohne Zunge und sogar einen blutrünstigen Vampir. Lord Macbeth ermordete hier König Duncan, und die Blutflecken sind noch heute hier auf dem Fußboden zu sehen!

Schon gewusst ...?

Eine Gruppe von Muslimen, die gegen die Kreuzritter kämpfte, war bekannt unter dem Namen Assassinen. Angeführt wurden sie vom Alten aus den Bergen. Sie versuchten nicht, die Christen im offenen Kampf zu besiegen, sondern töteten gezielt nur den jeweiligen Heerführer. Die Assassinen waren furchtlos und bereit, für ihre Sache zu sterben.

So ermordeten sie auch den Oberbefehlshaber Conrad. Doch dann starb der Alte aus den Bergen, und ein neuer Mann trat an seine Stelle. Der neue Alte (du verstehst schon, oder?) wollte sich für Conrads Ermordung entschuldigen und lud den Heerführer der Kreuzfahrer, Heinrich von Champagne, zu sich ein. Er wollte Henry den bedingungslosen Gehorsam der Assassinen demonstrieren. Zwei junge Männer standen oben auf den Mauern der Assassinenburg, der Alte hob eine Hand ... die beiden stürzten sich zu Tode.

Voller Stolz fragte der Alte, ob Heinrich noch mehr sehen wolle, doch Heinrich lehnte dankend ab.

Erschüttert ging er von dannen. Nicht lange danach stand er am Fenster seiner eigenen Burg. Er machte einen Schritt rückwärts, rutschte aus ... und fiel zum Fenster hinaus. So kam er am Fuße seiner Burgmauern zu Tode.

Merkwürdiger Zufall ...

Böse Belagerungen

Eine Burg war Wohnstätte, Heereslager, örtlicher Regierungssitz, Wachturm, Gefängnis und Proviantlager zugleich. Bei so vielen Funktionen war es nicht verwunderlich, dass es auch eine Schwachstelle gab: Wer eine Burg eroberte, kontrollierte auch das gesamte umliegende Land.

Den Burgherren war das natürlich klar, und deshalb legten sie großen Wert darauf, dass ihre Burg gut zu verteidigen war. Sie ließen immer höhere und dickere Mauern bauen. Aber die Angreifer bauten immer höhere Klettertürme, um über die Burgmauern zu kommen, und größere Katapulte, um sie zum Einstürzen zu bringen.

Doch wenn die Angreifer viel Zeit hatten, gab es noch eine andere Möglichkeit, um die Burgbewohner zum Aufgeben zu zwingen. Man umstelle die Burg und lasse niemanden hinaus oder hinein, besonders niemanden mit Lebensmitteln. Dann kann man in aller Ruhe abwarten, bis die Leute in der Burg hungern. Das nennt man eine Belagerung.

Die berühmteste Belagerung in der Geschichte war vermutlich die von Troja. Die alten Griechen beendeten die zehnjährige Belagerung mit dem Trick mit dem hölzernen Pferd. Aber diesen Trick kannte schon jeder. Darauf fiel keiner mehr herein. Trotzdem tat der englische König Stephen um 1130 einmal so, als würde er die Belagerung von Burg Harptree aufgeben. Als die Verteidiger ihm nachsetzten, machte Stephen kehrt und besetzte ihre leere Burg!

Wüsstest du, wie man eine Burg erobert? Oder könntest du sie gut verteidigen? Mit diesem kurzen Quiz findest du heraus, ob du bei einer Belagerung gut davongekommen wärst …

1 Du befindest dich 1346 im französischen Aiguillon als englischer Kommandant in einer Burg. Ihr seid von Franzosen umzingelt. Die Franzosen haben mindestens ein Dutzend Katapulte und schleudern riesige Steine über die Mauern. Da kannst du nicht tatenlos zuschauen! Wie kannst du das Bombardement stoppen? Hinweis: Holz hast du genug in der Burg und auch gute Handwerker.

2 Du befindest dich in England, in Wallingford, im Jahre 1152. Du hast eine Burg zu verteidigen und weißt, dass der Feind bereits im Anzug ist. Auf den Feldern rund um die Burg wächst massenhaft Getreide. Die Burgmauern werden einem Angriff standhalten, aber bei einer längeren Belagerung könntet ihr verhungern. Zwei Dinge musst du tun, ehe der Feind in zwei Tagen eintrifft. Hinweis: Du hast mehr Soldaten als der heranziehende Gegner.

3 Du bist in St. Andrews, Schottland, im Jahre 1546. Noch kannst du deine Burg verteidigen, aber vermutlich werden die Angreifer versuchen, einen Gang zu graben. Doch aus welcher Richtung werden sie kommen? Hinweis: Sie können nicht graben, ohne dass der Boden ein bisschen bebt.

4 Du befindest dich im Jahre 1440 in einer Burg auf der griechischen Insel Rhodos. Die Ägypter greifen mit hohen Holztürmen auf Rädern an. Sie beginnen, die Erde zu ebnen, damit sie ihre Türme heranrollen können, ohne dass diese umkippen. Du versuchst mit deinen Soldaten, Gräben zu graben, doch die Angreifer treiben euch in die Burg zurück und füllen die Gräben wieder auf. Morgen werden sie angreifen und über deine Burgmauern klettern. Du kannst die Türme nicht in Brand stecken, da sie mit feuchten Tierhäuten überzogen sind. Was kannst du tun? Hinweis: Wie würdest du einen Elefanten fangen?

5 Du befindest dich in der Burg Ballon in Frankreich im Jahre 1098. Das Heer von Herzog Fulk belagert euch, und Hunger macht sich breit. Das Camp der Angreifer ist gut bewacht, aber du hast den Eindruck, dass die Gegner während des Abendessens etwas weniger aufmerksam sind. Wenn ihr um diese Zeit angreift, habt ihr gute Karten. Das Problem ist, dass du jedoch nicht weißt, wann genau sie zu Abend essen. Wie kannst du das herausfinden? Hinweis: James Bond wüsste es.

6 Hosn Al Akrad im Heiligen Land im Jahre 1099: Du bist ein Sarazene, und ihr seid von Kreuzfahrern umzingelt, die euch den Garaus machen, wenn sie euch in die Finger bekommen. Ihr habt nichts in der Burg als Schafe. Es sind keine wilden Kampfwidder, aber sie könnten euch bei der Flucht helfen. Wie? Hinweis: Die Kreuzfahrer hatten nur wenig zu essen bei sich.

Antworten: *1* Baut eure eigenen hölzernen Katapulte und schießt zurück. Je mehr Steine sie werfen, desto mehr könnt ihr zurückwerfen. Da eure Katapulte von der Burgmauer verdeckt werden, können sie sie nicht sehen. Aber ihr könnt von eurem Wachturm aus genau sehen, wo ihre stehen! Ausgezeichnete Zielscheiben! Mit welchem Ergebnis? 1346 wurden alle zwölf Katapulte der Franzosen zerstört, was sie zum Aufgeben zwang.

2 Erntet das ganze Getreide und lagert es in der Burg, nicht in den Scheunen der Bauern. Dadurch habt ihr genügend zu essen, während der Feind leere Felder vorfindet. Aber sitzt nicht tatenlos in der Burg herum und wartet, bis ihr umzingelt seid. Versteckt euch außerhalb der Burg. Der Feind wird ankommen, die Burg umstellen, und dann umzingelt ihr ihn! So wird der Feind von zwei Seiten angegriffen – vom Inneren der Burg und von außerhalb. Diesem Zweifrontenkampf wird er nicht lange gewachsen sein. So war es auch 1152.

3 Stellt überall Gläser mit Wasser auf. Dort, wo gegraben wird, zittert das Wasser. Dann errichtet blitzschnell eine Mauer aus Holz, und wenn der Feind an die Oberfläche kommt, sitzt er in der Falle. In Saint Andrews bauten die Verteidiger in aller Eile einen Tunnel in Richtung des Gegners. Dann legten sie ein Feuer und räucherten die Angreifer aus.

4 Wartet mit dem Angriff, bis es dunkel ist, und grabt dann auf dem Zufahrtsweg zur Burg nahe an der Mauer ein tiefes Loch. Bedeckt es mit dünnen Brettern und anschließend mit Erde.

Dann werden die Angreifer nichts bemerken, wenn sie mit ihren rollenden Türmen angreifen. Und wenn sie über diese Stelle fahren, wird der dünne Boden unter ihrem Gewicht nachgeben. Ihr Turm kippt, und die Soldaten fallen heraus oder sind in ihrem dreistöckigen Turm gefangen. Dann setzt ihn in Brand. Dieser Plan der Verteidiger hat damals übrigens geklappt.

5 Die Verteidiger verkleideten sich als Bettler und gingen als Spione in das gegnerische Lager. Sie fanden heraus, dass alle gemeinsam zu einer bestimmten Uhrzeit zu Abend aßen. Das berichteten sie in der Burg, und prompt wurden die Belagerer überfallen, als sie mit vollem Mund dasaßen. Das Ganze war ein großartiger Erfolg für die Verteidiger.

6 Lasst einige der Schafe laufen, sobald es dunkel ist. Die hungrigen Angreifer werden sie bis auf die Hügel verfolgen. Sobald sie weg sind, schleicht euch aus der Burg, und überlasst deren Verteidigung den restlichen Schafen. Als die Kreuzfahrer damals am nächsten Tag angriffen, wunderten sie sich, warum die Sarazenen sich nicht wehrten! Das war die einzige Schlacht, bei der die Kreuzfahrer einen überragenden Sieg erzielten, ohne dass es ein einziges Menschenleben gekostet hätte!

Tipps zur Übernahme

Du weißt jetzt also, wie du euer Haus verteidigen kannst, falls es je belagert wird. Aber was ist, wenn du eine Festung einnehmen möchtest? Hier ein paar Tricks, die stets geklappt haben ...

1 Geduld! Begib dich möglichst nah an die feindliche Burg und lass dich beschießen. Natürlich brauchen du und deine Soldaten gute Schilde, damit die Pfeile abprallen. Nach einer Weile wird der Feind alle Pfeile verschossen haben! Dann erst zischen eure Pfeile und Speere durch die Luft, was die Verteidiger von den Mauern vertreiben wird. Richard I. von England eroberte Messina in Sizilien auf diese Weise in nur fünf Stunden. Aber der Trick hat auch seine Tücken. Als Richard sich bei einer anderen Belagerung zu nah an die Burgmauer traute, traf ihn der vergiftete Pfeil einer Armbrust am Hals und tötete ihn.

2 Liebe! Mache dem schönen jungen Burgfräulein weis, dass du sie liebst und unbedingt besuchen möchtest. Schlag ihr vor, dass sie eine Leiter zu dir herunterlässt. Wenn du hinaufgeklettert bist, lässt du die Leiter stehen, damit deine Kumpels nachkommen können. Arnold de Lisle tat dies 1166 in der Burg Ludlow. Doch auch dieser Trick ist nicht ungefährlich. Die Burg wurde zwar erobert, doch Süßholzraspler Arnold konnte sich nicht mehr daran erfreuen. Als das schöne Burgfräulein erkannte, dass Arnold sie hereingelegt hatte, erstach sie ihn mit seinem eigenen Schwert.

Eigentlich finden wir dich alle umwerfend!

3 Wasserwege! Burgen brauchen Wasser, und wenn du schwimmen kannst, sind Wasserwege ein idealer Weg ins Innere. Chaumont-en-Vexin in Frankreich war eine starke Festung mit nie versiegenden Wasservorräten. Ein Fluss floss mitten durch die Burg. Heinrich II. ließ seine Bogenschützen nachts ins Innere schwimmen. Dann setzten sie die Gebäude in Brand, während Heinrich die Mauern angriff. Die Verteidiger waren damit beschäftigt, die Feuer zu löschen und ihr Hab und Gut zu retten. Heinrich gelangte problemlos über die unbewachten Mauern der Festung.

4 List und Betrug! Frauen wurden nicht zu den Angreifern gerechnet. Sie konnten auf ein Schwätzchen mit der Burgherrin zum Tee kommen und unbehelligt wieder von dannen ziehen. Es war durchaus üblich, dass ihr Mann, der Angreifer der Burg, sie dann abholen kam. Der Graf von Chester tat dies 1141 bei der Belagerung von Lincoln. In seiner Begleitung waren drei Soldaten … Sobald sie das Tor passiert hatten, griffen sie die Wächter an, öffneten alle Tore und ließen den Rest ihres Heeres herein.
5 Terror! Wenn du einen Verwandten der Verteidiger in deine Finger bekommst, kannst du damit drohen, ihn umzubringen, wenn sich der Burgherr nicht ergibt. Das tat Heinrich V. 1420 in Montereau. Er nahm die Ehemänner einiger der Frauen in der Burg gefangen und baute vor der Burgmauer Galgen auf. Dann ließ er die

Männer antreten. Die Frauen winkten zum Abschied, dann wurden die Männer gehängt. Schade, denn die Burg musste sich eine Woche später ohnehin ergeben, und Heinrich ließ große Milde walten!

6 Maskierung! Tut so, als wärt ihr Bauern, die Vorräte in die Burg bringen wollen. Wenn ihr direkt unterhalb des Burgtors seid, blockiert den Durchgang mit euren Karren, damit eure Leute nachkommen können, aber niemand die Burg verlassen kann. Auf diese Weise nahmen die Schotten 1341 die englische Burg Edinburgh ein. Sie waren als Kohlenhändler gekommen. Der Torwächter wurde umgebracht – „so rasch, dass er keinen Ton herausbrachte". Auch die restlichen Burgbewohner kamen ums Leben.

7 Mord! Wenn der Befehlshaber stirbt, geben seine Soldaten vermutlich eher auf. Schließlich sind die Armen dann ganz ohne Führung. Also versuch zu veranlassen, dass er das Zeitliche segnet. Das geschah in Frankreich um 1100. Ein Angreifer schickte dem Burgherrn ein Geschenk: einen Helm und Panzerhandschuhe. Als dieser sie anprobierte, starb er unter großen Schmerzen, denn die Sachen waren mit einem schrecklichen Gift präpariert. Schau einem geschenkten Gaul also immer ins Maul – besonders wenn du gerade belagert wirst. Frag die Trojaner!

8 Bestechung! Bestich jemand mit Geld, Gold oder Schokolade, damit er dich in die Burg einlässt. Viele starke Festungen fielen nur, weil es einen Verräter gab, der den Feind nachts durch eine Geheimtür hereinließ. Burg Ely lag mitten in einem Sumpfgebiet und war uneinnehmbar – bis ein Mönch 1139 König Stephens Heer einließ. Zum Dank ernannte Stephen ihn zum Abt. Doch er soll ein sorgenvolles Leben geführt haben, denn Gott hatte sein schändliches Tun gesehen und ihn dafür bestraft.

Schlimme Belagerungen

Unter einer Belagerung stellst du dir vielleicht eine friedliche, ruhige und eher langweilige Warterei vor, aber dem war ganz und gar nicht so. Belagerungen waren meist alles andere als friedliche Veranstaltungen.

Ein Heer, das dereinst eine Burg belagerte, forderte die Burgbewohner auf, sich zu ergeben …

Eine schreckliche, aber wahre Geschichte!

Schon gewusst …?
Die längste Belagerung in der Geschichte Englands war die der Burg Harlech in Wales. Die Festung war eigentlich uneinnehmbar, doch im Laufe der monatelangen Belagerung starben die meisten Burgbewohner den Hungertod. Die englischen Angreifer brutzelten Speck und Fleisch und sorgten dafür, dass der köstliche Duft zu den hungrigen Burgbewohnern hinüberwehte.

Fürchterliche Fakten über Belagerungen

1 Bei Belagerungen wurden nicht nur Katapulte eingesetzt, sondern auch „Ballisten", eine Art riesige Armbrust. Die alten Römer kannten sich damit aus und benutzten sie, als Rom von den Goten belagert wurde. Witges, ihr Anführer, war gerade auf einen hohen Baum geklettert, um sich die römische Verteidigungsanlagen anzusehen, als ihn ein solches Wurfgeschoss traf und buchstäblich an den Baum nagelte. Seine Soldaten konnten ihn nicht losmachen – aus Angst vor einem weiteren Geschoss versuchten sie es wohl auch nicht richtig! Deshalb blieb der Ärmste bis zum Ende der Belagerung am Baum hängen.

2 Die Kreuzfahrer waren außer sich vor Freude, nachdem sie 1099 Jerusalem erobert hatten. Sie rannten durch die Straßen und in die Häuser und Moscheen und töteten alles, was ihnen unter die Finger kam – Männer, Frauen, Kinder … Das Massaker dauerte den ganzen Nachmittag und die ganze Nacht über. Als Raymond of Aguilers am nächsten Morgen den Tempel besichtigte, fand er sich bis zu den Knien in Leichen und Blut stehend wieder.

3 Ein gewisser Froissart beschreibt, wie sich der Schwarze Prinz an einem Freund rächte, der zum Feind übergelaufen war. Er befahl seinen Soldaten, niemanden zu verschonen.

Man sah die Angreifer durch die Stadt rennen und alle Männer, Frauen und Kinder abschlachten, genau wie der Schwarze Prinz es ihnen befohlen hatte. Es war so ein schrecklicher Anblick, dass sich die Stadtbewohner vor dem Schwarzen Prinzen auf die Knie warfen und um Gnade bettelten. Doch dieser war so auf Rache versessen, dass er taub war für ihr Flehen. Über die gesamte Einwohnerschaft fielen sie her, selbst über jene, die unschuldig waren. Ich weiß nicht, warum auch die Armen getötet wurden, doch auch sie mussten leiden. Alles in allem kamen an diesem Tag über dreitausend Menschen ums Leben.

ABER ... in den Amtsunterlagen der Stadt steht nichts von einem solchen Massaker, sondern nur von der Ermordung einiger weniger Leute. Froissart hat seiner Fantasie vermutlich zu freien Lauf gelassen!

4 Die Kirche wollte nicht, dass an Feiertagen gekämpft wurde. Bei Schlachten wurde nicht darauf geachtet, bei Belagerungen jedoch häufig. Am 10. August 1174 hatte König Ludwig VII. anlässlich des Namenstages des heiligen Lorenz Waffenruhe verkündet, doch das war eine Falle. Als die Verteidiger nicht darauf vorbereitet waren, griff er an! Nicht sehr ritterlich von ihm!

5 Bei einer Belagerung in Exeter hatten die Verteidiger genügend zu essen, aber kaum noch Wasser. Anfangs machten sie sich keine großen Sorgen. Statt Wasser tranken sie eben Wein. Sie buken sogar Brot damit. Doch als die Angreifer brennende Pfeile in die Stadt schossen, mussten die Bewohner von Exeter mit ihrem

Wein auch Feuer löschen. Danach mussten sie sich ergeben, weil sie nichts mehr zu trinken hatten.

6 Die schlimmsten Brände wurden mit einer geheimnisvollen Mixtur namens „Griechisches Feuer" gelegt. Es handelt sich um flüssiges Feuer, das man durch ein Rohr bläst. Mit Wasser ist es nicht zu löschen, nur mit Sand (gut, wenn man in einer Sandburg lebte), Essig (Glück für jede Salat-Bar) und Flüssigkeiten, die Pottasche enthalten. Dazu gehört auch Urin. (Er wurde vor einem Angriff natürlich in Eimern gesammelt, Dummerchen! Glaub also nicht, dass die Burg-Feuerwehr sich in einer Reihe vor dem Feuer aufgestellt hat, um auf das Feuer zu pinkeln!)

7 Im Jahre 1088 fand die Belagerung von Rochester ein unerwartetes Ende. Die Belagerten hatten genügend zu essen und zu trinken. Sie hätten ein Jahr lang durchhalten können, gaben jedoch schon nach wenigen Wochen auf. Eine Invasion schrecklicher Insekten brachte sie fast um den Verstand. Diese Fliegen waren überall. Ein Historiker schrieb: „Niemand konnte essen, wenn sein Nachbar ihm nicht die Fliegen vom Leib hielt. Man wechselte sich ab mit Essen und Wedeln mit der Fliegenklatsche." Der Belagerer, König Wilhelm II., hatte zwar gedroht, alle zu hängen, falls sie aufgaben, aber letzten Endes war er gnädig … was man von den Fliegen nicht behaupten konnte!

8 Die Belagerten von Rochester hatten das Glück gehabt, genügend Lebensmittel zu haben. Anders war es bei der Belagerung von Antiochia im ersten Kreuzzug, die William von Malmesbury folgendermaßen schilderte:

> *Im weiten Umkreis waren alle Nahrungsmittel zerstört worden, sodass die Belagerten großen Hunger litten. Manche verschlangen unreife Bohnenhülsen, andere kauten mit blutigem Kiefer halb zerkochte Disteln. Wieder andere verkauften besondere Leckereien wie Mäuse an jeden, der sie sich leisten konnte – ihnen war Geld wichtiger als etwas zu essen. Noch andere machten sich über die Leichen der bereits Verhungerten her.*

(Also, hör auf, dich bei deiner Mutter über das Mittagessen zu beschweren!)

9 Belagerungen führten zur Erfindung einiger höchst ungewöhnlicher Waffen, darunter auch der „Krähe". Es handelte sich um einen langen Holzstock mit einem Haken an einem Ende. Die Belagerten hinter den Burg- oder Stadtmauern hielten diesen Stock an einem Ende fest und senkten das andere Ende auf der anderen Seite auf den Boden. Mit dem da-

ran befindlichen Haken versuchten sie, unachtsame Belagerer zu packen und in die Luft zu heben. Bei der Belagerung von Burg Ludlow wurde Prinz Heinrich von Schottland in die Luft gehoben, doch König Stephen konnte ihn gerade noch rechtzeitig auf den Boden der Tatsachen zurückholen.

10 Bei der Belagerung der Burg von Rochester befahl König John seinen Soldaten, unterhalb des Bergfrieds einen Graben zu buddeln. Wie üblich stützten sie ihn mit Holzstöcken, füllten ihn mit Ästen und zündeten sie an. Beim Brand würde der Graben zusammenstürzen und gleichzeitig auch die darüber befindlichen Mauern. John befahl, auch 40 fette Schweine in den Graben zu stecken, ehe man ihn anzündete. Das Fett der Schweine brannte so heftig, dass die Mauern der Burg Risse bekamen. Aber am schlimmsten muss der Geruch gewesen sein. Stell dir vor, du bist ein hungriger Burgbewohner und riechst dieses herrliche gebratene Schweinefleisch!

Die letzte große Belagerung

Weißt du, wann die letzte Belagerung in Deutschland stattfand? Du wirst dich wundern, das ist nämlich noch gar nicht so lange her. Kurz nach dem Zweiten Weltkrieg wurde Berlin belagert. Natürlich nicht von Rittern, sondern von der damaligen Sowjetunion. Wieso das? Der Krieg war doch schon zu Ende! Die Engländer, Franzosen und Amerikaner planten einen westlichen deutschen Staat mit Berlin als Hauptstadt – und das wollten die Sowjets verhindern. Deshalb blockierten sie in der Nacht zum 24.6.1948 alle Land- und Wasserwege nach Berlin. Im Mittelalter hätten sie mit dieser Taktik vielleicht Erfolg gehabt, aber 1948 gab es doch schon längst Flugzeuge! Der amerikanische Präsident Truman (nein, nicht der aus der Truman-Show) und General Clay überlegten sich die Luftbrücke! Bis zum Ende der Belagerung flogen große Flugzeuge, die Rosinenbomber, über 200000-mal nach Berlin. Nein, die Rosinenbomber warfen keine Rosinen über Berlin ab, sondern brachten Lebensmittel und Kohlen! Das Aushungern klappte also nicht, und nach elf Monaten, am 12.5.1949, wurde die Belagerung aufgehoben. Das Ergebnis: Deutschland war nun geteilt, und die Chancen für eine Wiedervereinigung standen lange ziemlich schlecht. Bis zum 9.11.1989, aber die Geschichte kennst du ja sicher!

Nachwort

Die letzten Ritter

Die erste Burg wurde um 950 in Doue-la-Fontaine in Frankreich gebaut, doch die Ära der Burgen und Ritter in Europa sollte nicht lange andauern. Schon knapp 500 Jahre später läutete die Erfindung des Schießpulvers ihren Untergang ein.

Um aller Welt zu beweisen, wie reich und mächtig sie waren, bauten die Adligen immer größere und höhere Burgen, die nicht nur zum Wohnen und zum Schutz dienten. Sie waren zugleich auch steinerne Symbole ihrer Macht. Noch heute, 500 Jahre danach, verschandeln die Burgen aus dem Mittelalter die Landschaft wie große graue Gespenster, und noch immer kannst du die Macht spüren, die aus den blinden Fenstern auf dich hinunterstarrt.

Würdest du dich trauen, eine Nacht in einer Burgruine zu verbringen? Oder glaubst du, von den nackten Mauern hallen noch

heute galoppierende Hufe, klirrende Schwerter und splitternde Lanzen wider? Spuken die Geister der seltsamen alten Ritter noch heute durch die Gemäuer? Diese Ritter sind zwar schon lange tot, aber leben sie nicht bis heute in den Köpfen von Kämpfern weiter?

Die Ritter, diese tapferen berittenen Krieger mit ihren Lanzen, hätten schon um 1400 aufgeben müssen, als das Schießpulver erfunden wurde. Natürlich kann ein Ritter auch gegen ein Gewehr kämpfen, aber der Kampf währt nicht lange und endet in der Regel zu Gunsten des Gewehrs.

Und doch sollten sich die berittenen Kämpfer mit ihren Handwaffen noch etliche Jahrhunderte halten. Manchmal errangen sie sogar glorreiche Siege: Man denke nur an Häuptling Crazy Horse und seine berittenen Oglala Sioux, die General Custer und seinem Heer das Fürchten lehrten, obwohl Letztere über die damals modernsten Gewehre verfügten.

Doch zuweilen erlitten sie auch bittere Niederlagen. Im Krimkrieg kämpfte die „Leichte Brigade" der britischen Armee 1854 mit Säbeln gegen russische Kanonengeschütze und verlor haushoch. Der französische Kommandeur sagte damals: „Es ist bewundernswert, aber es ist kein Krieg, sondern Dummheit."

Dennoch versuchte das Militär, weiterhin mit der Kavallerie gegen den Feind anzugehen. 1914 begann der Erste Weltkrieg. Gegen Maschinengewehre hatten Pferde doch keine Chance, oder? Da griffen die Armeen die Idee mit den Rüstungen wieder auf. Man erfand den Panzer, mit denen man gegen den „Feind" in den Schützengräben vorrückte.

Als die neuen Panzer 1916 endlich bereit waren, in Aktion zu treten, kam es zum irrwitzigsten Moment im ganzen Verlauf der Wahnsinnsgeschichte; einem Moment, der das Ende der tausendjährigen Geschichte des Rittertums einläutete: Dem Befehlshaber der Panzerkräfte wurde auf dem Weg zur Schlacht gesagt: „Nimm deine Panzer von der Straße!"

Brav rollten die Panzer zur Seite … und die Reiter bekamen Vorfahrt! Mit Lanzen bewaffnete Soldaten stürmten ins Feuer der Maschinengewehre!

Eine Stunde später rollten die Panzer weiter. Sie rollten über die

Leichen der tapferen Lanzenwerfer, die von den Salven der Maschinengewehre niedergemetzelt worden waren.

Diese letzten Ritter fielen, wie es sich ihre Ahnen gewünscht hätten: dem Tod tapfer ins Auge blickend.

Register:

Antiochia 69-73, 87, 154
Artus 55, 87

Belagerung 70, 80, 99, 140, 142-143, 145, 149
Berlinblockade 155-156
Bauernturniere 51-54
Bogenschützen 13, 80, 95
Burg 10, 12-14, 69, 80-81, 84, 91, 98, 100-103, 108-111, 122-127, 129-149, 153-155, 157

Edward I. 12, 37, 87
Edward II. 13, 135
Edward III. 13, 30-31
El Cid 89

Folter 79, 114-120, 130
Fußballspiel 13

Gespenster 135, 157

Heinrich VIII. 14, 97
Hellebarde 7, 12
Hofnarr 111
Hosenbandorden 13, 29, 31

Jeanne d'Arc 94
Jerusalem 12, 66, 76, 88

Kanone 12, 14
Karl der Große 17, 20
Katapult 84, 98, 123, 125, 140, 144, 150-151

Kerker 79, 114-115
Knappe 26-29, 39, 48
Kreuzzug 11-12, 65-66, 68-69, 74-75, 83, 92-93, 154

Lanzenstechen 46-47, 51
Latrinenknecht 107, 113

Normannen 29, 35, 61-62, 100-102, 129

Minne 23
Mundschenk 111

Page 26
Peter der Einsiedler 11, 69

Rammbock 126
Richard I. (Löwenherz) 38, 59, 74, 80-81, 99, 146

Sarazenen 11, 38, 41, 66-70, 73-75, 77-78, 81-82, 88-89
Steigbügel 10

Tafelrunde 55
Tempelritter 11, 76-79
Turnier 10, 12-14, 34, 43-44, 47-48, 50-52, 55-56, 59-64, 76, 84, 87, 90, 97-98

Wappen 62-63
Wiedervereinigung 156
Wilhelm der Eroberer 29, 35, 61-62